D1754302

Michael Waschk

# WILLIBALD PIRCKHEIMER
## JURIST, HUMANIST UND FREUND DÜRERS

context verlag
Augsburg | Nürnberg
www.context-mv.de

VERLAG
KLUGER
BÜCHER

## INHALT

- 5 Die geheime Bibliothek
- 12 Die Patrizierfamilie Pirckheimer – Kaufleute und Gelehrte
- 19 Die Herkunft der Familie Pirckheimer
- 23 Kinder- und Jugendjahre
- 29 Der Ratsherr
- 30 Die freie Reichsstadt Nürnberg – Kunst und Politik
- 34 Anfänge der Bildungspolitik
- 39 Der Schweizerkrieg
- 51 Auf diplomatischem Parkett
- 59 Anwalt in eigener Sache
- 65 Die Schwester Caritas Pirckheimer
- 69 Humanismus in Nürnberg
- 84 Pirckheimer und Dürer
- 100 Die Reuchlin-Affäre
- 107 Pirckheimer und Luther
- 121 Tod und Nachwirkung
- 123 Stammbaum
- 124 Literaturnachweis
- 126 Bildnachweis
- 127 Impressum

*„Man kann die ganze Ethik ebenso gut an ein gewöhnliches Privatleben anknüpfen, wie an ein ereignisreicheres Leben: Jeder Mensch trägt in sich die Gesamtform des Menschseins."*

Michel de Montaigne Essays 3. Buch, 2. Kapitel

## DIE GEHEIME BIBLIOTHEK

Eine Patrizierhochzeit im Nürnberg des 18. Jahrhunderts sollte ungeahnte Folgen für die Renaissanceforschung haben. Im Jahre 1748 heiratete der Patrizier Christoph Joachim Haller von Hallerstein Anna Sibylla Sabina Imhoff. Diese brachte ein stattliches Gebäude mit in die Ehe, das im Jahr 1564 von Willibald Imhoff erworbene Haus am Egidienplatz. Dem jungen Ehepaar erschien die gotische Inneneinrichtung nicht mehr zeitgemäß, sodass umfangreiche Modernisierungsarbeiten in Auftrag gegeben wurden. In einem kleinen Vorraum vor der Hauskapelle, die zur neuen standesgemäßen Bibliothek ausgebaut werden sollte, kam beim Abbruch der Holzvertäfelung ein versteckter Wandschrank zum Vorschein, der bis obenhin mit eng beschriebenen Papieren vollgeräumt war. Was dort zu sehen kam, war eine wissenschaftliche Sensation. Bei den Autografen handelte es sich um den fast vollständig erhaltenen handschriftlichen Nachlass des Vorfahrens der Anna Imhoff, des Kaiserlichen Rats und Humanisten Willibald Pirckheimer. Dessen Tochter Felicitas hatte einen Imhoff

Das Haus von Willibald Imhoff (gelbe Fassade) am Egidienplatz.

geheiratet, und da Pirckheimer keinen männlichen überlebenden Nachkommen hatte, fiel das gesamte Erbe des Patriziers an die Familie Imhoff. Jetzt stapelten sich ca. 1700 zum Teil mehrblättrige Papiere auf dem Boden des Imhoff'schen Palais am Egidienplatz. Offensichtlich hatten Vorfahren in den Wirren des Dreißigjährigen Krieges den schriftlichen Nachlass des berühmten Vorfahren vor Plünderungen in dem Geheimversteck gesichert. Ein Teil des schriftlichen Nachlasses war zuvor bereits wissenschaftlich gesammelt und veröffentlicht worden, so durch den Humanisten und Juristen Melchior Goldast (1578-1635) und den Altdorfer Juraprofessor Johann Heumann (1711-1760). Dem Bürgersinn der Stadt Nürnberg war es zu verdanken, dass fast der gesamte Bestand der Pirckheimer-Papiere nicht in den Handel geriet, sondern für die Stadtbibliothek Nürnberg erworben werden konnte. Dort befinden sich bis heute die Pirckheimer-Papiere mit der Signatur PP. Nach und nach wurden große Teile dieses Nachlasses wissenschaftlich ediert; die fast 4000-seitige Briefkorrespondenz des Willibald Pirckheimer ist bis zum Jahre 2007 in einer siebenbändigen Edition erschlossen und kommentiert worden. Es finden sich im schriftlichen Nachlass Briefe von und an Willibald Pirckheimer nicht nur innerhalb seiner Familie, insbesondere mit seinen in Klöstern lebenden Schwestern und Töchtern; die eigentliche Sensation ist die originale Korrespondenz mit der gesamten damaligen intellektuellen Elite Europas, darunter Briefe und Briefkonzepte an Kaiser Maximilian, Papst Hadrian, Martin Luther, Erasmus von Rotterdam, Ulrich von Hutten, Melanchthon, Zwingli, Reuchlin und viele andere Humanisten und Reformatoren. Der Jurist Willibald Pirckheimer wird lebendig durch eine Vielzahl von Rechtsgutachten und juristischen Streitschriften, daneben finden sich Entwürfe zu Übersetzungen von Kirchenvätern und antiken Philosophen aus dem Griechischen ins Lateinische und Deutsche, aber auch ganz private Aufzeichnungen wie Briefe an den Augsburger Juristen Dr. Konrad Peutinger und den Bamberger Kanoniker Lorenz Beheim. In die Kunstgeschichte eingegangen sind die Briefe Dürers aus Venedig an den Nürnberger Freund. Auch wenn viele dieser Textteile noch überhaupt nicht übersetzt und geordnet sind, werfen sie doch ein Schlaglicht auf eine ganze Epoche. Die Lebenszeit von Willibald Pirckheimer (1470-1530) umfasst die Epoche der Hochrenaissance, eine Zeit im Umbruch und Übergang. Ohne zu übertreiben kann man sagen, dass gerade diese 60 Jahre auch die Weltsekunde Nürnbergs waren. Nürnberg war ein Vorreiter der Renaissance und des Humanismus, die Reichsstadt war Handelszentrum und – teilweise dadurch bedingt – Zentrum naturwissenschaftlicher Forschungen und wissenschaftlich-technischer Innovationen. Der geistig-literarische Mittelpunkt Nürnbergs war ohne Zweifel der Jurist, Diplomat, Schriftsteller und Übersetzer Willibald Pirckheimer, der in einem großen Haus am damaligen Herrenmarkt, direkt gegenüber dem Schönen Brunnen wohnte. Pirckheimer beschreibt sich selber auf der Titelseite seiner Übersetzung des „Fischers" des altrömisches Satirikers und Schriftstellers Lukian als „Willibald Pirckheimer, Kaiserlicher Rat, Patrizier und Senator, Nürnberger Übersetzer". Neben dem handschriftlichen Nachlass ist auch ein Großteil der damals weltberühmten Bibliothek Willibald Pirckheimers erhalten geblieben. Ein Nachfahre Pirckheimers, Hans Hieronymus Imhoff, verkaufte im Jahr 1636 einen Großteil der Bibliothek seines Ahnen an den britischen Gesandten am österreichischen Hof, Lord Thomas Howard Earl of Arundel für 350 Reichstaler. Dessen Sammlung kam schließlich als Arundel-Collection in die British Library, wo sich heute noch 71 wissenschaftlich erschlossene Bände aus dem Eigentum des Willibald Pirckheimer nachweisen lassen. Der Beginn der Neuzeit mit allen ihren Umbrüchen wird aus diesen Werken erfahrbar. Aus allen Teilen spricht das Interesse am aktuellen Zeitgeschehen. Die Kulturwende der Renaissance als Wiedergeburt der Antike und Geburt der Moderne lässt sich ebenso verfolgen, wie die Ideen des Humanismus und der Reformation, die sich von ihrem theologischen Ansinnen löst und zu ungeahnten politischen Folgen erweitert. Der Künstler tritt aus dem mittelalterlichen Kollektiv heraus und wird zum Individuum des Kunstschaffens und der Kunstbetrachtung. Eine wesentliche biografische Konstante ist die lebenslange Freundschaft zwischen Albrecht Dürer und Willibald Pirckheimer. Dürer schreibt Pirckheimer am 7. Februar 1506 aus Venedig: „denn ich habe keinen anderen Freund auf Erden als Euch." Diese Freundschaft hält von frühen Jugendtagen bis zum Tod des Malerfürsten im Jahr 1528. Gerade Nürnbergs große Zeit in den Jahren dieser Freundschaft ist gleichzeitig auch die Dürer-Zeit. Aus der heutigen Sicht des

Historikers kann man die einzelnen Handlungsstränge, die der Epoche ihren Namen geben, auseinanderhalten; damals war dies noch nicht möglich, hier war noch alles im Fluss, man sieht fasziniert das Werden der Geschichte im Dialog der handelnden Personen. In Nürnberg werden in dieser Zeit wichtige Reichstage abgehalten, Nürnberg ist aber auch Sitz des Reichsregiments und anfänglich sogar des Reichskammergerichts. Nirgendwo kristallisiert sich der Anbeginn der Neuzeit deutlicher nördlich der Alpen als in Nürnberg. Nur Augsburg wird dank der Familie Fugger Nürnberg als Finanzmetropole den Rang ablaufen. Nürnberger Waren bis hin zum Nürnberger Stadtrecht werden Exportschlager. Nicht nur der Dichterfürst Konrad Celtis preist Nürnberg in seinem Werk „Norimberga"; der Rektor der Lateinschule von St. Lorenz, Johannes Cochläus legt eine Beschreibung Deutschlands unter dem Titel „brevis germaniae descriptio" vor, in der er für Nürnberg und seinen berühmtesten Humanisten Willibald Pirckheimer folgende Worte findet:

*„An kultureller Potenz und an Genie steht diese Stadt keiner anderen nach. Die Ratsherren sind redegewandt und klug, die meisten von ihnen im römischen Recht hervorragend ausgebildet. Einer von ihnen aber ist mir der Erstaunlichste und Unbegreiflichste unter allen Menschen, die heute leben, doch will ich seinen Namen nicht nennen, damit das, was ich schreibe, nicht den Eindruck von Schmeichelei hervorruft. Dieser Mann ist in der Tat mit allen Gaben des Geistes, der Natur und des Glücks überschüttet; er ist wohlhabend, von stattlichem Wuchs, redegewandt, feinsinnig, er beherrscht die lateinische und die griechische Sprache wie kein zweiter, er ist aber auch sonst auf jedem Gebiet beschlagen (wahrhaftig, ich lüge nicht) und er besitzt so viele Bücher, dass man eine vergleichbare Bibliothek für beide Sprachen in ganz Deutschland nirgends mehr finden könnte."*

Mit allen Berühmtheiten der damaligen Zeit steht Pirckheimer auf vertrautem Fuß; mit Luther tauscht er Neuigkeiten über die Untaten des päpstlichen Zensors aus, mit Dürer entwickelt er eine deutsche Wissenschaftssprache für die theoretischen Schriften des Malers, mit Erasmus von Rotterdam erörtert er philosophische Fragen und mit allen, sprichwörtlich allen Briefpartnern geht er auf die Suche nach Büchern, alten Handschriften und den neuesten Editionen der modernen Literatur. Die Medienrevolution des Buchdrucks erleichtert die Kommunikation in der Gelehrtenrepublik, nicht nur der gelehrte Briefwechsel, auch die ersten Zeitungen bringen, nicht zuletzt auf den Postwegen der Thurn und Taxis, die neuesten Informationen in die Handelsstadt an der Pegnitz. Hier werden die großen Fragen der Zeit diskutiert, vom Ansturm der Türken auf Ungarn bis zu den Entdeckungen in der Neuen Welt. Die Erdkundebeschreibungen Pirckheimers beziehen bereits die Neue Welt mit ein. Selbst auf Reisen lässt Pirckheimer nicht ab vom Bücherlesen und Büchersammeln. Auch seine militärischen und diplomatischen Missionen werden literarisch aufgearbeitet; seine Beschreibung des Schweizerkriegs aus dem Jahre 1499, an dem er als Nürnberger Feldhauptmann teilgenommen hat, findet Niederschlag in seinem Geschichtswerk „De bello helvetico", in dem er Geschichtsschreibung in der Nachfolge von Sallust und Tacitus mit eigenem, höchst persönlichem Erleben lebendig verbindet.

Die große Weltgeschichte setzt sich auch aus kleinen Geschichten zusammen: Die Wandtäfelung, hinter der der Geheimschrank mit den Aufzeichnungen Pirckheimers gefunden wurde, wurde damals als Original-Studierzimmer des Willibald Pirckheimer angesehen. Im Jahre 1860 kaufte die Großherzogin Sophie von Sachsen-Weimar die erhalten gebliebene Wandvertäfelung auf und ließ diese auf der Wartburg, direkt angrenzend an die dortige Luther-Stube in einem Nebenraum aufstellen. Bis heute ist dieses Zimmer als Studierzimmer des Willibald Pirckheimer in der Wartburg zu besichtigen, an der Wandvertäfelung hängt der Kupferstich Albrecht Dürers aus dem Jahre 1524, der Pirckheimer in seinem 54. Lebensjahr zeigt. Auch wenn es äußerst unwahrscheinlich ist, dass die auf der Wartburg befindliche Stubeneinrichtung ursprünglich

Das Pirckheimer-Stübchen auf der Wartburg.

im Eigentum Willibald Pirckheimers stand (er bewohnte zeitlebens das stattliche Pirckheimer-Anwesen an der Nordwestecke des heutigen Hauptmarktes Nr. 17, direkt gegenüber dem Schönen Brunnen), so weist die Einrichtung der Pirckheimer-Stube neben der Luther-Stube doch auf die Verbindung zum Reformator Martin Luther und die Auseinandersetzung mit der Reformation und ihren sozialen Auswirkungen hin. Pirckheimer hat die reformatorischen Ideen zeitlebens unterstützt, was ihm schließlich die Aufnahme in die Bannbulle gegen Luther einbrachte, er setzte sich aber auch für die Gewissensfreiheit seiner Schwester Barbara ein, die unter dem Ordensnamen Caritas Äbtissin des Klaraklosters in Nürnberg war und auf ihre Freiheit pochte, gegen den Bildersturm der Zeit weiter im Kloster leben zu dürfen. Die Anfänge der Gewissensfreiheit zeigen sich im literarischen Auftreten Pirckheimers insbesondere im Streit um den schwäbischen Gelehrten Reuchlin, der sich für einen Erhalt der jüdischen Literatur und gegen die Vernichtung des Talmuds starkgemacht hatte.

Es war eine optimistische Zeit, in die Willibald Pirckheimer hineingeboren wurde, aber auch eine von großen Umbrüchen gekennzeichnete Welt; so hielt Ulrich von Hutten in einem bereits sechs Tage nach der Niederschrift im Jahre 1518 in Druck gegebenen Statement zur aktuellen Situation an Pirckheimer den Zeitgeist fest: „Oh Jahrhundert! Oh Wissenschaft! Es ist eine Lust zu leben."

In einem 1517 verfassten Brief an Bernhard Adelmann von Adelmannsfelden, der natürlich auch zur Veröffentlichung gedacht war, lässt Pirckheimer seine Leserschaft über die Frage nachdenken: „Wozu lebt man denn, wenn man nicht studieren kann?"

Erfreulich gut ist die Quellenlage über das Leben und Wirken des Willibald Pirckheimer. Insbesondere über seine Studienjahre in Italien und seine Tätigkeit als Ratsherr der Stadt Nürnberg gibt die nicht vor 1527 verfasste Autobiografie einen ersten Aufschluss; eine erste Zusammenfassung der Lebensstationen des Humanisten Pirckheimer enthält der Nachruf des Erasmus von Rotterdam im Vorwort zur Übersetzung von dreißig Reden des Kirchenvaters Gregor von Nazianz, die Pirckheimer kurz vor seinem Ableben noch vorgelegt hatte, aber nicht mehr zum Druck bringen konnte. Diese Aufgabe übernahm sein Humanistenfreund Desiderius Erasmus für ihn.

Aufgrund der reichlich vorhandenen Quellen kann somit das Leben des Nürnberger Patriziers in allen Facetten rekonstruiert werden. Es zeigt einen vielseitig begabten und interessierten, aber auch widersprüchlichen Menschen, der viel für die Verbreitung der humanistischen Bildung in Deutschland getan, aufgrund seiner streitbaren Natur sich aber auch mit vielen Zeitgenossen angelegt hat. Nach den beiden wichtigsten Korrespondenten Pirckheimers, Albrecht Dürer und Martin Luther sind ganze Epochen zu Beginn der Neuzeit benannt worden.

## Briefkultur der Renaissance

Das wichtigste literarische Ausdrucksmittel der Renaissancehumanisten war der Brief. Die Humanisten untereinander pflegten eine gebildete Briefkultur, indem sie sich zu einer internationalen gelehrten Gemeinschaft als Netzwerker verbanden und auch sogenannte Sodalitäten gründeten, in denen literarische und philosophische Anliegen diskutiert wurden. Der literarische Brief entwickelte sich zu einem eigenständigen Literaturzweig, aus dem später auch essayistische Textmodelle wie etwa bei Michel de Montaigne entwickelt wurden. Einige Briefe an und von Pirckheimer sind damit in die Weltliteratur eingegangen, so der vorbezeichnete Brief Ulrich Huttens an Pirckheimer, aber auch die Verteidigungsrede Pirckheimers zugunsten des Pforzheimer Hebräisten Reuchlin, in dem Pirckheimer die Grundlagen der Renaissancephilosophie schildert. Diese beruht auf der Erschließung der kritischen griechischen Philosophie, insbesondere Platons. Berühmtester Briefschreiber und Netzwerker war Erasmus von Rotterdam. Die Briefe zeigen einen Einblick in die tagesaktuelle politische Diskussion, zeugen aber auch gleichzeitig von ganz persönlichen Ereignissen und Anliegen der Verfasser.

## DIE PATRIZIERFAMILIE PIRCKHEIMER – KAUFLEUTE UND GELEHRTE

Willibald Pirckheimer wurde am 5. Dezember 1470 in Eichstätt als Sohn des bischöflichen Rates Dr. Johann Pirckheimer und dessen Ehefrau Barbara, geb. Löffelholz geboren. Taufpate war der Studienfreund des Vaters, Bischof Wilhelm von Reichenau, den der Vater aus gemeinsamen Studienzeiten in Padua kannte und in dessen Diensten er seit 1466 als Jurist stand. Das mutmaßliche Geburtshaus in der Westendstraße in Eichstätt wurde wegen Baufälligkeit erst im Jahre 1989 abgerissen. Dass sein Vater in der Zeit von 1466 bis 1475 Bischöflicher Rat und Sekretär des Bischofs Wilhelm von Reichenau war, hatte verschiedene Hintergründe. Die Familie Pirckheimer pflegte seit Generationen Beziehungen zur Bischofsstadt an der Altmühl. So war schon der Großonkel des Willibald Pirckheimer, Dr. Thomas Pirckheimer, 1454 Domprobst in Eichstätt, auch lassen sich weitere Familien mit dem Namen Pirckheimer in Eichstätt nachweisen, obwohl die verwandtschaftlichen Beziehungen hier nicht genau geklärt sind. Das nahegelegene Kloster Bergen nahm immer wieder weibliche

*Willibald Pirckheimer wurde 1470 in Eichstätt geboren.*

Mitglieder der Familie Pirckheimer als Nonnen auf. Mitte des 15. Jahrhunderts bildete sich in Eichstätt ein Kreis von Frühhumanisten um den Eichstätter Domherrn Bernhard Adelmann von Adelmannsfelden und den Bischof Wilhelm von Reichenau, zu denen bereits Willibalds Vater freundschaftliche Kontakte hielt. Neben seinen weiteren Ämtern als Freischöffe und Richter am Chorgericht fand er immer wieder Zeit zu philosophischen Studien, insbesondere zur Lektüre der neuplatonischen Schriften aus Italien. Da Dr. Johann Pirckheimer in Padua zum Doktor beider Rechte promoviert wurde, war ihm der Weg als Ratsherr in Nürnberg versperrt. Der Nürnberger Rat ließ keine gelehrten Doktoren zur Ratswürde zu, weniger jedoch, um sich gegen bürgerliche Aufsteiger abzuschotten. Eigentlicher Sinn war eher eine Form von Ämtertrennung. Die Doktorwürde war zwar der Ritterwürde gleichgestellt, allerdings unterschied der Senat streng zwischen den zum Gericht berufenen Ratsmitgliedern und den Ratskonsulenten, die hier nur beratend im Hintergrund die Entscheidung des Rats vorbereiten sollten.

Dr. Johann Pirckheimer, der Vater von Willibald, war ein gefragter Jurist.

Wer also aus dem Kreis der Patrizier in den Kleinen Rat der Stadt Nürnberg, dem eigentlichen Stadtregiment einrücken wollte, musste auf eine Promotion zum Doktor der Rechte verzichten. Zwar sollten die Doktoren die Urteile des Rats vorbereiten, entscheiden sollte aber der gesunde Menschenverstand der Ratsmitglieder. Diese auf einen Ratsbeschluss von 1454 zurückgehende Übung schildert der Ratskonsulent Christoph Scheurl II. in einer berühmt gewordenen Schilderung der Nürnberger Verfassung wie folgt:

*„Die Stadtväter lassen im Rat keine Doktoren zu. So oft der Rat beim Urteilen uneins ist oder der Fall rechtswissenschaftliche Kenntnis erfordert, ordnet er aus seinen Reihen zwei ab, die nach dem Frühstück die Doktoren zu Rate ziehen und am nächsten Tag deren Ratschläge berichten sollen. Außerdem ist es Aufgabe der Doktoren, in Staatsangelegenheiten Schutz zu geben, abzuwehren, zu bitten, Appelationssachen daheim zu lesen, zu beraten und die Urteile auszuarbeiten."*

Dr. Johann Pirckheimer ging deshalb in den diplomatischen Dienst, ab 1475 trat er auch in den Dienst des Herzogs Albrecht IV. von Bayern, da er hier das Doppelte der bisherigen Besoldung angeboten bekam. Drei Jahre später wurde er zusätzlich als Rechtsberater des Grafen Siegmund von Tirol, so dass sich die Familie jeweils ein halbes Jahr in München und ein anderes in Innsbruck aufhielt. Nebenher erschien Dr. Johann Pirckheimer als freier Rechtskonsulent im Dienste seiner Heimatstadt Nürnberg. Ausweislich der Protokolle in den Nürnberger Ratschlagbüchern war Dr. Johann Pirckheimer auch mit der Kodifizierung des Nürnberger Stadtrechts, der sogenannten Nürnberger Reformation von 1479 befasst. Der Vater Willibald Pirckheimers war nicht nur ein gefragter Jurist, sondern auch ein umfassend gebildeter Humanist. In den Beständen der Pirckheimer-Bibliothek der British Library finden sich 54 juristische Sammelhandschriften, die auf den Vater zurückgehen. Daneben sammelte und schätzte er philosophische Schriften, insbesondere der neuplatonischen Richtung des Marsilius Ficinius. Auch die Gründung der für wenige Jahre existierenden weiterführenden Schule, der sogenannten Poetenschule (1496 bis 1509), geht auf seine Initiative zurück.

Den größten Teil der Sammlung machen juristische Inkunabeln römisch-rechtlicher Art aus, dazu findet sich eine Abschrift der Goldenen Bulle, dem Reichsgrundgesetz aus dem Jahr 1356. Daneben besaß er die wichtigsten römischen Klassiker, wie Horaz, Seneca, Cicero und die Germania des Tacitus, die er eigenhändig abschrieb. Der zeitkritische Geist des Humanismus zeigt sich auch an den Randbemerkungen des Dr. Johann Pirckheimer; an einem juristischen Text schrieb er an die Seite: „der Papst vermag kaiserliche Gesetze nicht zu ändern."

Es lassen sich bei Johann Pirckheimer Lebensentwürfe erkennen, die sowohl seinen Sohn Willibald, als auch die gemeinsamen Vorfahren bereits kennzeichneten: anstatt den Kaufmannsberuf weiter auszuüben, finden wir hier durch mehrere Generationen tüchtige Juristen im Dienst verschiedener Städte, Bischöfe und Staatsoberhäupter, die vor allem eines auszeichnet: Sie sind eifrige Verfechter der neuen Bildungsbewegung des Humanismus, der zu Beginn der Moderne als Zeitströmung von Italien über die Alpen dringt. Ein Charakterzug aller männlichen Pirckheimer ist augenscheinlich ein selbstsicheres und manchmal streitsüchtiges Wesen, was dazu führt, dass mehrere Generationen Pirckheimer sich mit der Obrigkeit in Nürnberg anlegten. Sie fühlten sich sämtlich als freie Herren in einem freien Staat, die sich das Wort nicht verbieten lassen wollten. Johann Pirckheimer wurde etwa 1440 als drittes Kind des Hans Pirckheimer und der Barbara Pirckheimer, geborene Holzschuher, in Nürnberg geboren. Er folgte der bereits bestehenden Familientradition und studierte in Padua die Rechte. Am 2. August 1465 wurde er in dieser Universitätsstadt zum Doktor der Rechte promoviert. Die Doktorpromotion in Italien war eine teure Angelegenheit. Dr. Johann Pirckheimer hielt die Kosten der Promotion peinlich genau auf dem ersten Blatt einer von ihm verwandten Gesetzessammlung, dem Codex der Novellen Justinians, fest: 140 Dukaten kostete die Promotionsurkunde. Der Vater Willibald Pirckheimers traf in Padua auf eine illustre Gesellschaft von Deutschen, insbesondere Nürnberger Mitstudenten, die sämtlich zum Kreis der Nürnberger Frühhumanisten zu zählen sind. Zu nennen sind hier Georg Pfinzing, Georg Tetzel, der Verfasser der Schedel'schen Weltchronik Hartmann Schedel, der spätere Schwager von Johann Pirckheimer, Johannes Löffelholz und ein Magister Konrad Schütz, der Johann Pirckheimer in unangenehmer Erinnerung bleiben sollte. Aus den italienischen Studienjahren sind diverse Gesetzessammlungen des römischen Rechts erhalten, die noch Willibald Pirckheimer sorgsam aufbewahrte und zu seinem eigenen Studium benutzte. Darüber hinausgehende humanistische

Interessen bezeugt eine eigenhändige Abschrift des Aeneis des Vergil aus dem Jahr 1455, die Dr. Johann Pirckheimer ebenfalls der Familienbibliothek vermachte. Da handgeschriebene Bücher äußerst kostbar und selten waren, wurden sie durchaus von Generation zu Generation weitergereicht. So kommt es, dass einige Gesetzestexte sowohl Randglossen des Vaters als auch Ergänzungen von Willibald Pirckheimers Hand enthalten. Auch die Vergilhandschrift wurde von Willibald Pirckheimer später mehrfach durchgearbeitet, er gibt selber Kunde davon, indem er auf dem letzten Blatt der Handschrift vermerkt „item, ich hab ausgelesen" und auf der Rückseite des selben Blattes nochmals stolz festhält „nun zum anderen Mal las ich, wisst".

Auch mit dem Verfassen von Studentenkomödien befasste sich Dr. Johann Pirckheimer. In der Familienbibliothek fand sich ein Lustspiel, in der sein Kommilitone Konrad Schütz schlecht wegkam. Dieser hatte bereits an der Universität ein kleines Lehramt inne, wurde aber als besserwisserischer Schulmeister geschildert. Konrad Schütz hatte einige Jahre später Gelegenheit, die Satire dem mutmaßlichen Verfasser Johann Pirckheimer heimzuzahlen. Nach seiner Rückkehr nach Nürnberg wollte der junge Doktor seine Verlobte Barbara Löffelholz heiraten. Dieses gestaltete sich jedoch zunächst schwierig. Die reiche Patrizierstochter Barbara Löffelholz sah sich einer Klage eines anderen jungen Patriziers, Siegmund Stromer von der Rosen, ausgesetzt. Dieser verklagte sie vor dem Dekanatsgericht des Bamberger Domkapitels auf Einlösung eines angeblich abgegebenen Eheversprechens. Die durchaus delikaten Prozessakten haben sich bis heute im Archiv des Germanischen Nationalmuseums erhalten. Barbara Löffelholz bestritt, eine engere Verbindung mit Siegmund Stromer während der Abwesenheit ihres Verlobten eingegangen zu sein, insbesondere habe sie ihm niemals die Ehe versprochen. Im Staatsarchiv Nürnberg findet sich dazu ein Vernehmungsprotokoll der Barbara („Responsiones honestae virginae Barbarae Löffelhöltzin").

Da Johann Pirckheimer nicht gewillt war, seine reiche Braut dem Konkurrenten zu überlassen, wurde schweres juristisches Geschütz aufgefahren. Siegmund Stromer berief eben jenen

Konrad Schütz und einen weiteren Juristen namens Albrecht von Eyb als Rechtsgutachter. Beide Juristen gaben Stellungnahmen ab, wonach das angebliche Eheversprechen der Barbara Löffelholz gegenüber Siegmund Stromer wirksam gewesen sei. Dr. Johann Pirckheimer seinerseits bemühte seine Rechtslehrer aus Padua, insbesondere den hoch angesehenen Professor für römisches Recht, Antonio Rosselli, um seinem Standpunkt vor dem Gericht Nachdruck zu verleihen. Das Gericht folgte schließlich den ausführlichen Darlegungen des Antonio Rosselli, wonach das Eheversprechen unwirksam gewesen sei und wies die Klage des Siegmund Stromer ab. So konnte die Hochzeit am 19. April 1466 zwischen den Eltern des Willibald Pirckheimer doch stattfinden. Nach allem, was wir wissen, war die Ehe trotz der Anfangsschwierigkeiten durchaus glücklich. Aus der Ehe gingen zwölf Kinder hervor. Am 22. März 1467 wurde die erste Tochter Barbara geboren; sie sollte später als Äbtissin Caritas literarische Berühmtheit erlangen. Am 5. Dezember 1470 wurde in Eichstätt Willibald Pirckheimer als erster Sohn geboren. Die junge Familie war dorthin gezogen, da Dr. Johann Pirckheimer von Anfang an den diplomatischen Dienst und diverse Anstellungen als Rechtsberater suchte. Zwischendurch ließ sich die Familie ab und an in der Heimatstadt Nürnberg blicken, sie zog dann in das große Haus am Hauptmarkt, damals Herrenmarkt genannt, direkt gegenüber dem Schönen Brunnen ein. Seit 1467 ist Dr. Johann Pirckheimer, den man sich etwa als reisenden Starjuristen vorstellen kann, auch als Ratskonsulent der Stadt Nürnberg in den Ratschlagbüchern seiner Heimatstadt vermerkt. In Nürnberg betrieb Dr. Johann Pirckheimer die Gründung der Poetenschule, die im Jahr 1496 eingerichtet wurde. Hierunter ist eine weiterführende Schule zu verstehen, in der nicht nur die lateinische und griechische Sprache, sondern auch Rhetorik, Mathematik, Geografie und weitere Lehrfächer zur Vorbereitung des Universitätsstudiums gelehrt wurden. Nach dem Tod seiner Frau ging Dr. Johann Pirckheimer 1501 ins Franziskanerkloster und überließ seinem Sohn die Verwaltung des Familienvermögens. Woher kam diese Kaufmannsfamilie, die sich offensichtlich seit Generationen eher mit juristischen Tätigkeiten und humanistischen Forschungen beschäftigte, als mit dem Handel mit Brokat und Seide?

Im Wappen der Familie Pirckheimer ist eine Birke dargestellt, die vermutlich der Familie den Namen gab. (Federzeichnung von Albrecht Dürer)

# DIE HERKUNFT DER FAMILIE PIRCKHEIMER

Als erster seiner Familie erscheint im Jahr 1359 ein Hans Pirckheimer im Bürgerbuch der Stadt Nürnberg. Im Jahr 1386 wurde sein Sohn gleichen Namens in den Kleinen Rat der Stadt aufgenommen. In seiner Selbstbiografie (er spricht von sich selbst in der dritten Person) beschreibt Willibald Pirckheimer das Herkommen seiner Familie folgendermaßen:

*„Das Geschlecht der Pirckheimer ist ein patrizisches und wurde immer zu den die Stadt Nürnberg regierenden Familien gerechnet. Denn unter allen deutschen Städten untersteht allein Nürnberg der Herrschaft der Patrizier, während in allen übrigen das Volk die Regierungsgewalt besitzt. Diesem berühmten alten Geschlecht also ist Pirckheimer entsprossen. Wenn dasselbe nun auch durch lange Jahre auf Reichtümer und Ehrenämter stolz sein konnte, so hatte es doch noch dieses besondere vor anderen voraus, mit gar vielen hochgelehrten Männern und Frauen geziert gewesen zu sein. Denn, wie Willibald Pirckheimers Urahn durch Reichtum sämtliche Nürnberger übertraf, so zeichnet sich sein Urgroßvater vor allen seinen Mitbürgern aus. Dessen Spuren folgte sein Sohn, des Willibalds Großvater, der seinem Vater in Bildung keineswegs nachstand. Am meisten aber unter allem glänzte Johannes, Willibalds Vater."*

Die Familie konnte in den ersten Generationen viel Reichtum durch Handel mit Seide, Brokat und Gewürzen anhäufen. Die Pirckheimer hatten Kammern im Handelshaus der Deutschen in Venedig, dem Fondaco dei Tedeschi. Das um 1398 angelegte Salbuch der Familie hat sich in der Sammlung des Britischen Museums erhalten. In diesem wurden über die Generationen hinweg das Eigentum und die Einkünfte der Familie verzeichnet. Dieses Salbuch weist um 1500 als Grundbesitz 60 Lehengüter, 19 Eigengüter und 11 Äcker und Wiesen in der Nähe der Stadt auf; in Nürnberg selber besaß die Familie fünf eigene Häuser und Hypotheken auf 24 anderen Häusern. So weiß man auch, dass bereits im Jahr 1398 das burgartige Familienanwesen am Hauptmarkt im Eigentum der Familie stand. Dieses Handelshaus zog sich mit seinen Gebäuden bis zur Winklerstraße vor. Nach einer Überlieferung soll im Rückgebäude zur Winklerstraße hin ursprünglich die Familie Dürer gewohnt haben und Albrecht Dürer hier zur Welt gekommen sein. Das Stadtpalais hatte eine lange wechselvolle Geschichte. Im Mai des Jahres 1492 beherbergte die Familie Pirckheimer bei dem Besuch Kaiser Friedrichs III. in Nürnberg Herzog Ludwig von Bayern mit großem Gefolge. Die zum Markt hin gelegenen Gewölbe waren an Gewandschneider vermietet. Das burgartige Haus hatte berühmte Vorfahren, so auch die von Pirckheimer in seiner Autobiografie besonders erwähnte Großtante Katharina, die allgemein als hochgelehrte Frau galt und den Großneffen mit Lateinkenntnissen beeindruckte. In diesem Haus wuchs Willibald Pirckheimer zusammen mit seinen Geschwistern auf, wenn sich die Eltern in Nürnberg aufhielten. Seine berühmte ältere Schwester Caritas wurde am 21. März 1467 in Eichstätt geboren; Caritas war der Klostername der später berühmten Äbtissin und Humanistin, getauft wurde sie auf den Namen Barbara. Willibald Pirckheimer hatte neun Schwestern, bis auf Juliane, die den Patrizier Martin Geuder heiratete, gingen alle in verschiedene Klöster. Caritas wurde Äbtissin des Klarissenklosters in Nürnberg, die Schwestern Felizitas, Sabina und Eufemia wurden Benediktinerinnen im Kloster Bergen bei Neuburg an der Donau, Walburgis ging ins Klarakloster nach München, Katharina wurde Benediktinerin im Kloster Geißenfeld bei Pfaffenhofen.

Der Ursprung der Familie liegt nach wie vor im Dunkeln; zwei Orte werden hier am häufigsten genannt, zum einen Birkach bei Langenzenn in Mittelfranken und Lauingen an der Donau. Zu beiden Orten hatte die Familie Pirckheimer, die auch eine Birke im Wappen führte,

Der Nürnberger Hauptmarkt um 1594. Gegenüber des Schönen Brunnens ist das burgenartige Stadtpalais der Familie Pirckheimer zu sehen. (Ölgemälde von Lorenz Strauch)

enge Beziehungen. Der zweite namentlich bekannte Hans Pirckheimer stiftete in seinem Testament aus dem Jahre 1399 verschiedene Legate nach Lauingen; eng waren aber auch die Beziehungen zum Kloster in Langenzenn, auch dieses wurde reichlich bedacht. Der Grundbesitz der Familie war um Nürnberg herum reichlich gestreut, so lässt sich ein Gut bei Siegelsdorf in der Nähe von Langenzenn ebenso nachweisen wie in Leichendorf bei Zirndorf. Auch das später durch die Landschaftsbeschreibung des Willibald Pirckheimer berühmt gewordene Schloss in Neunhof gehörte ursprünglich zum Eigentum der Familie Pirckheimer. Nicht nur als Kaufleute, sondern auch als Kreditgeber sind die früheren Pirckheimer in Erscheinung getreten, so bekannte Burggraf Friedrich am 7. Januar 1375, dem Hans Pirckheimer 587 Goldgulden zu schulden. Hans Pirckheimer erschien im Januar 1402 neben anderen Nürnberger Patriziern als Geldgeber des Kaisers Rupprecht.

Den Grundstock zur später umfangreichen Familienbibliothek legte der noch als Kaufmann tätige Urgroßvater Willibalds, der 1388 geborene Franz Pirckheimer. Dieser ermöglichte seinen Söhnen die Aufnahme von wissenschaftlichen Studien an verschiedenen Universitäten. Willibalds Großvater, Hans Pirckheimer, studierte zunächst in Köln und war dann zusammen mit seinem Bruder, Dr. Thomas Pirckheimer, in vielfältigen Gesandtschaftsangelegenheiten der Stadt Nürnberg tätig. In späterer Zeit setzte er seine Studien noch in Bologna und Padua fort. Im Rahmen des ersten Markgrafenkrieges im Jahr 1453 war Hans Pirckheimer mit dem Aushandeln eines tragbaren Friedensvertrages betraut, auch verhandelte er in Rom mit Papst Nikolaus V. mit dem Ergebnis, dass dieser alle aus dem Markgrafenkrieg stammenden Schadenersatzansprüche der Geistlichkeit gegen die Stadt Nürnberg nicht weiter verfolgen ließ. Im Zentrum seiner diplomatischen Bemühungen stand die Abwehr der territorialen Ansprüche des Markgrafen Albrecht Achilles. Im Jahr 1458 findet man Hans Pirckheimer zusammen mit seinem Bruder Dr. Thomas Pirckheimer als Vertreter der Reichsstadt Nürnberg auf dem sogenannten Türkenkongress in Mantua, zu dem Papst Pius II. eingeladen hatte. Berühmtheit erlangte Hans Pirckheimer dadurch, dass er sich mit dem mächtigen Vordersten Losunger Niklas Muffel anlegte. Im Streit mit diesem Bürgermeister, dessen korrupte Praktiken er kritisierte, wurde er sogar seiner Ämter enthoben. Später wurde er rehabilitiert, als Niklas Muffel im Jahr 1469 der Unterschlagung von städtischen Geldern überführt und daraufhin hingerichtet wurde. Der Nürnberger Humanist und Stadtarzt Hartmann Schedel nutzte die Bibliothek des Hans Pirckheimer, um Material für seine Weltchronik zusammenzustellen. Beide Humanisten waren eng befreundet, so richtete Hans Pirckheimer die Hochzeitsfeier des Hartmann Schedel in seinem Haus am damaligen Herrenmarkt aus.

Seit dem Urgroßvater Willibald Pirckheimers war keiner der Vorfahren mehr als Kaufmann aktiv tätig, sondern wählten den Weg des Rechtsgelehrten und Humanisten. Das Familienvermögen sorgte für auskömmliches Leben. Man war noch still beteiligt an den Handelsunternehmungen der Familien Pfinzing und Imhoff; von der Liquidation der Handelsfirma Pirckheimer im Jahr 1492 nahm keiner mehr groß Notiz. Noch Willibald Pirckheimer bezog aus den stillen Beteiligungen an den Handelsgeschäften der Verwandten jährliche Einnahmen von ca. 720 Gulden; im Verhältnis zur jährlichen Besoldung des Ratskonsulenten Dr. Christoph Scheurl in Höhe von 200 Gulden ist dies schon eine stattliche Summe gewesen.

# KINDER- UND JUGENDJAHRE

Über seine Kindheit und Ausbildungszeit am Eichstätter Hof und den italienischen Universitäten berichtet Pirckheimer in seiner um 1527 entstandenen Autobiografie. Willibald Pirckheimer war circa 8 Jahre, als sein Vater als Juristischer Rat an den Hof des bayerischen Herzogs Albrecht IV. nach München zog. Zudem begleitete er den Vater auf verschiedenen Gesandtschaftsreisen, u. a. auch in die Schweiz. Der Vater hat ihn persönlich unterrichtet, eine kleine griechische Grammatik, die der Vater für Unterrichtszwecke dem Sohn zur Verfügung stellte, ist in der Familienbibliothek erhalten. Willibald Pirckheimer berichtete, dass der Vater ihn nicht nur in den Wissenschaften und der Literatur unterrichtete, sondern auch Musikinstrumente, unter anderem die Orgel und die Laute lernen ließ. Der Unterricht wurde auch auf Reisen nicht unterbrochen. Im Alter von circa 16 Jahren ging Willibald Pirckheimer an den bischöflichen Hof nach Eichstätt zurück, um hier eine ritterliche Ausbildung zu erhalten. In seiner Autobiografie hebt er insbesondere hervor, dass er sich in ritterlichen Übungen wie Ringen, Speer werfen und Laufen sowie im Gebrauch der Kriegswaffen besonders hervorgetan hat. Er fand Gefallen am Kriegsdienst und wollte im Gefolge König Maximilians gegen Franz I. von Frankreich in den Krieg ziehen. Dem schob aber der Vater einen Riegel vor und schickte ihn zum Studium der Rechte nach Italien, zunächst an die Universität Padua. Der Sohn sollte eine umfassende Bildung erhalten. Ein Handzettel mit Verhaltensmaßregeln des Vaters ist im Nürnberger Nachlass erhalten. Willibald Pirckheimer hat ihn sorgsam aufbewahrt. Die Ermahnungen des Vaters beginnen mit religiösen und sittlichen Worten: „Erhalte Dir die Furcht vor dem Herrn" und „halte Dich von leichten Mädchen fern" (caveas ab meretricibus) ist dort im Humanistenlatein zu lesen. Zudem fordert er den Studenten auf, sich nicht nur der Juristerei zu widmen, sondern auch die schönen Wissenschaften (studia humanitatis) zu

Willibald Pirckheimer studierte drei Jahre an der Universität in Padua.

### Der Vater stellte für Willibald Verhaltensregeln auf.

betreiben und zu lernen, Gedichte zu schreiben (discas carminem facere). Auf der Rückseite dieses Zettels hat der Vater eine Reihe von Buchtiteln aufgeführt, die der Sohn ihm in Italien besorgen sollte, insbesondere Schriften von Ovid, Cicero und Platon. Willibald Pirckheimer schrieb sich am 23. Oktober 1489 in die Matrikel der Universität in Padua ein, verließ diese im September 1492 und setzte das Studium in Pavia fort. Zunächst überlegte sich Pirckheimer, wie sein Vater, die Doktorwürde zu erlangen. Da er aber in Abstimmung mit dem Vater einen Sitz im Rat der Stadt Nürnberg anstrebte, verzichtete er auf die akademische Würde. Der Student traf in Padua eine Reihe Nürnberger Studiengenossen, freundete sich aber mehr mit italienischen Kommilitonen an, deren feine Umgangssitten ihn mehr beeindruckten, als die Saufgelage seiner deutschen Mitstudenten. Einige Briefe des jungen Rechtsgelehrten an seinen Vater sind erhalten. Diese zeigen einen durchaus eifrigen Studenten, der die Wissenschaften ernsthaft betreibt und bemüht ist, die Bücherwünsche des Vaters zu erfüllen. In einem Brief vom 4. Mai 1491 aus Padua schrieb er seinem Vater, dass er sich wirklich Mühe gibt, nicht unsinnigerweise Geld zu verschwenden, die Werke des Marsilio Ficinus und des Laurentius Valla konnte er allerdings noch nicht erwerben. In einem weiteren Brief vom 12. Juli 1491 lässt er seinen Vater wissen, dass die Preise für Kleidung in Italien geradezu astronomisch hoch seien und er Stoffe zum Hemdennähen aus Deutschland schicken möge. Dabei pflegte der Sohn einen durchaus kumpelhaften Ton gegenüber seinem Vater, der auf ein ungetrübtes Verhältnis zwischen Vater und Sohn schließen lässt.

Offensichtlich vernachlässigte der Sohn in den Augen des Vaters die Studien der Rechte ein Stück weit in Padua, sodass Vater und Sohn übereinkamen, das Studium in Pavia bei den dortigen berühmten Rechtslehrern fortzusetzen. Willibald Pirckheimer schrieb sich somit am 16. September 1492 in die Matrikel der Universität Pavia ein. Dort befasste er sich intensiv mit den Regeln des römischen Rechts. Sein Kollegheft über eine Niederschrift der Vorlesungen über die Pandekten ist in der Bibliothek der Familie ebenso erhalten wie der von Pirckheimer gebrauchte Codex des Justinian. Dieser ist ergänzt um Briefe des Marsilius Ficinius und einem lateinischen Kommentar dieses Neuplatonikers zu Platons Gastmahl. Freunde in Pavia suchte sich Pirckheimer überwiegend wieder unter den italienischen Studienkollegen, zu denen er zum Teil eine lebenslange Freundschaft aufrechterhielt, so etwa mit dem Grafen Gian Galeazzo di San Severino. Pirckheimer fiel in Pavia durch seine musikalischen Fähigkeiten an der Laute auf, den Umgang mit den etwas rauheren deutschen Studiengenossen mied er auch hier weitgehend, da er von deren „spielen, bankettieren, fressen und saufen" nicht viel hielt. Allerdings nahm nach Auffassung seines Vaters auch hier das Studium der griechischen Philosophie zu viel Raum ein, sodass der Vater ihn ermahnte, sich mehr den juristischen Texten zu widmen und das Studium der Philosophie zurückzustellen. Willibald Pirckheimer beschreibt dies so: „hat er ihn ernstlich gemahnt, hingegen die welt- und christgeistlichen Rechte und Gesetze nicht allein nutzen, sondern auch zur Verrichtung allerhand Sachen im menschlichen Leben und auch für dessen Erhaltung und Fortpflanzung guter Polizei hoch notwendig sind."

Die moderne Philosophieströmung, die Willibald Pirckheimer in Pavia aufnahm, war die des Florentiner Neuplatonismus und der hierdurch beeinflusste christliche Humanismus. Die von ihm wieder und wieder sorgsam durchgearbeiteten und mit nach Nürnberg gebrachten

Bücher zeigen in ihren Randbemerkungen und Glossen die weitergehenden Interessen des Studenten. So trug Pirckheimer persönliche Notizen auf frei bleibende Seiten eines juristischen Lehrbuches ein, unter anderem elf in elegischen Distichen abgefasste Gedichte. In anderen Heften finden sich sorgfältig übertragene Inschriften von antiken Bauwerken und sogar Zeichnungen altrömischer Baudenkmäler wieder, frühe Zeugnisse archäologischer Studien. Die von ihm verfassten und erhaltenen Gedichte sind satirischer Art, zum Teil aber auch derb-obszönen Inhalts, wie überhaupt die gesamte damalige Literatur durchaus grobianische Ausdrucksweisen liebte.

Auf einem vielleicht als Lesezeichen gebrauchten Zettel findet sich der bemerkenswerte Satz: „Die Gedanken sind zollfrei."

Willibald Pirckheimer schloss im September 1495 sein Studium in Pavia ab und machte sich auf den Rückweg nach Nürnberg. Er verzichtete auf den Doktor beider Rechte, um Ratsherr in der freien Reichsstadt werden zu können, wie es auch Wunsch seines Vaters war. Willibald Pirckheimer hinterließ in Pavia eine Geliebte namens Bernardina, mit der er offensichtlich auch noch von Nürnberg aus jedenfalls eine Zeit lang Briefe und Geschenke austauschte. Erhalten ist ein Brief vom 14. September 1494, der offensichtlich gebildeten und aus wohlhabendem Hause stammenden Bernardina an Willibald, in dem sie sich für die Zusendung eines Ringes bedankt und ihrerseits verspricht, diverse Tücher und mit Gold durchwirkte Handschuhe nach Nürnberg zu senden. Die Briefe haben im Gepäck vertrauter Freunde ihr Ziel erreicht. Ob es noch weitere Briefe gab, ist nicht überliefert. Gesehen haben sich die beiden jedoch offensichtlich nicht mehr. Pirckheimer verwahrte den Brief der Geliebten sorgsam auf, da er sich noch im handschriftlichen Nachlass wiederfand. Die spätere Ehefrau kannte wohl kaum den italienischen Briefwechsel.

### Brief der Bernardina, 1495

*Dem hochberühmten und hochgeachteten Herrn Willibald, dem Deutschen, meinem besten Freunde*

*Mein geliebtester Herr Willibald! Am 13. Diese Monats erhielt ich durch Euren Herrn Stephan einen Brief von Euch mit einen kleinen Ring, wofür ich Euch unendlich danke, für diese großmütige Freigebigkeit und daß ihr Eure Liebe zu mir nicht vergessen habt. Ich ersehe daraus, daß Eure Gefälligkeit weitaus größer ist als die meine, doch hoffe ich, meine Nachlässigkeit (im Briefschreiben) durch um so größere Herzlichkeit zu ersetzen. Denn meine Liebe zu Euch ist wohl kaum zu übertreffen; ich trage Euch unaufhörlich fest in meinem Herzen, und das wird sich niemals ändern, so lange ich lebe. Und was ich Euer Edlen versprach, das Versprechen werde ich halten, wie ich glaube, daß es euch noch einmal offenbar werden wird. Ich wünsche mir Glück, daß ihr eine Frau nehmen wollt weil ich Euer Vergnügen, euer Glück ganz als das meine betrachte. Freilich, ich Arme, wie gern würde ich Euren lieben Umgang genießen! Ich Unglückliche, daß ich einen solchen Schatz, daß ich Euch als meinen Spiegel verloren habe! Nachdem Ihr fort wart, sind mir solche Nachstellungen gemacht worden und am Meisten von Euren Freunden, daß dies eine ganz unerhörte Sache ist, wie ich Euch in Kürze erzählen will. Jener Herr Giovanni Maria de Sale war mir besonders freundlich, denn er wollte mich auf jede Weise für sich haben. Und gleichermaßen der Graf Matteo. Der Herr Giovanni Maria hat mir gesagt, Ihr hättet mich an ihn verkauft, was ich aber niemals glauben werde. Aber er hörte nicht auf mich in jeder Weise Tag und Nacht zu bedrängen und aufzuregen, und besonders, wenn ich nach Hause ging mit Eurem Vetter und dem Giovanni Luchino, kam der Herr Giovanni Maria mit dem Grafen Matteo und einer großen Gesellschaft, und sie verfolgten mich, um mich zu haben, auf jede Weise, denn sie wurden allemal benachrichtigt von jener Verräterin, der Rosina, Eurer Wäscherin, über meinen Ausgang, denn diese war von dem Herrn Giovanni bestochen, mit einem feinen wollenen Tuch, damit sie mich verriete. Ich bitte mir nun noch den Aufschub meiner Schuld gegen Euch zu verzeihen, aber der Graf Giovanni (wahrscheinlich Giovanni Galeazzo di San Severino, der wohl zu Pirckheimers Hochzeit eingeladen war) ist plötzlich abgereist, daß ich die Sachen für Euch nicht so schnell fertigstellen konnte. Aber mit dem ersten getreuen Boten schicke ich Euch zwanzig Taschentücher und zwei Kopftücher und zwei Handschuhe, mit Gold durchwirkt. Nun aber nichts mehr, denn daß ich mich empfehle dem Herzen und der Seele dessen, ohne den ich nicht mehr leben kann. Und ich bitte Euch, wollet mich lieben mit Eurer gewohnten und lange gehegten Liebe, dieweil ich es ja auch nicht anders machen könnte. Geschrieben in Pavia am 14. September 1495.*

Am 13. Oktober 1495 heiratete Pirckheimer die aus patrizischer Familie stammende Crescentia Rieter, die ihm vom Vater als Braut bestimmt war. Das Nürnberger Ratsprotokoll vermerkt für diesen Tag, dass den Familien Pirckheimer und Rieter „das Rathaus, die Stube und die Pfeife" zur Verfügung gestellt wurde. Sorgfältig ist auch vermerkt, dass „auf des Pirckheimers Hochzeit zwölf Kannen Wein verkehrt wurden".

Die kurze Ehe muss nach eigenem Bekunden von Pirckheimer in seiner Autobiografie gleichwohl durchaus glücklich gewesen sein, vermerkte er doch, dass er seine Frau „ganz einzig wegen ihrer Rechtschaffenheit und ehrbaren Sitten liebte". Viel mehr als den autobiografischen Bericht weiß man allerdings nicht von seiner Frau. Das Paar hatte zusammen fünf Töchter; Crescentia Pirckheimer starb bei der Geburt des einzigen Sohnes am 17. Mai 1504, auch der Sohn überlebte nicht. Pirckheimer heiratete nach dem Tode seiner Frau nicht wieder. Alleine blieb er gleichwohl nicht, mehrere Freundinnen sind namentlich bekannt, sein Freund Albrecht Dürer zog ihn wegen seiner angeblichen Vielzahl von Frauenbekanntschaften immer wieder auf. Pirckheimer erwarb sich dabei wie im Übrigen auch Dürer den zweifelhaften Ruf eines Schürzenjägers.

Vermeintliches Bildnis der Crescentia Pirckheimer, Kohlezeichnung von Albrecht Dürer 1503.

## DER RATSHERR

Willibald Pirckheimer trat seinen Dienst als junger Bürgermeister im Kleinen Rat am 6. April 1496 an. Es wurden ihm nicht nur Aufgaben der Stadtverwaltung, wie etwa der Verteidigung und des Brandschutzes aufgetragen, vielmehr wurde er auch zum Schulaufseher der beiden Lateinschulen an St. Sebald und St. Lorenz bestellt sowie als Visitator der 1496 noch von seinem Vater mit eingerichteten Poetenschule als höherer Lehranstalt.

Pirckheimer gehörte dem Kleinen Rat der Stadt Nürnberg von 1496 bis 1501, und nach einer dreijährigen Pause nochmals von 1505 bis 1512 an. Die rege Amtstätigkeit brachte es mit sich, dass Pirckheimer Kontakt zum bereits bestehenden Humanistenkreis in Nürnberg fand. Hervorzuheben sind hier der Probst und Kirchenmeister zu St. Sebald, Sebald Schreyer, die Ärzte Hartmann Schedel und Hieronymus Münzer, die Ratskonsulenten Dr. Johannes Löffelholtz und Dr. Christoph Scheurl, der Ratsschreiber Lazarus Spengler sowie der Rektor der Poetenschule, Heinrich Grieninger und der Astronom Johannes Werner. Mit vielen dieser Humanisten hatte der Jurist Pirckheimer beruflichen Kontakt. Über die reine diplomatische Tätigkeit und Rechtsberatung hinaus konnte er neben der juristischen Praxis ein internationales Netz der humanistischen Korrespondenz aufbauen. Der Rat der Stadt Nürnberg erkannte schnell die Fähigkeiten des jungen Ratsherrn. So wurde Pirckheimer bei vielfältigen diplomatischen Missionen erfolgreich eingesetzt, er nahm an verschiedenen Reichstagen im Auftrag der Stadt Nürnberg teil und verhandelte im Dauerstreit mit dem benachbarten Markgrafen von Brandenburg über Zölle und Ausfuhrverbote. Zudem galt es, die Überfälle der benachbarten Raubritter einzudämmen und den 1495 beschlossenen Landfrieden herzustellen. Auch zwei kriegerische Einsätze trug der Rat der Stadt Nürnberg ihm auf. Prägend für Pirckheimer war die Teilnahme am sogenannten Schweizerkrieg im Jahr 1499. Er berichtet selber in seiner historischen Monografie „Der Schweizer Krieg" (Bellum Helveticum) über diese Auseinandersetzung zwischen Kaiser Maximilian und den sich vom Römischen Reich entfernenden Schweizer Eidgenossen. Eine weitere kriegerische Auseinandersetzung führte ihn vor die Tore Nürnbergs, wo es galt, heranrückende Truppen des Markgrafen von Ansbach abzudrängen.

## DIE FREIE REICHSSTADT NÜRNBERG – KUNST UND POLITIK

Die Lebenszeit des Willibald Pirckheimer markiert auch den kulturellen Höhepunkt der Reichsstadt Nürnberg. Waren das sogenannte Städtelob und das Herrscherlob bedeutsame literarische Ausdrucksformen der damaligen Zeit, so kam die Stadt Nürnberg, gemessen an der Anzahl der Lobschriften, besonders gut weg. Nicht nur der Humanist Enea Silvio Piccolomini, der spätere Papst Pius II. und sogar Martin Luther rühmten Nürnberg als quasi Zentrum Europas, auch der Florentiner Analytiker politischer Verhältnisse Niccolò Machiavelli rühmte die Stadtverfassungen deutscher Städte, allen voran Nürnbergs als vorbildgebend für italienische Stadtstaaten. Zwar fehlte Nürnberg damals eine Universität als Zentrum der Bildung und Verbreitung modernen Gedankenguts (die nächste Universität und Hochburg humanistischer Bildung war Ingolstadt), dies machte Nürnberg aber weitaus wett durch die Möglichkeiten der Nachrichtenverbreitung, die durch die Handelsnetze der patrizischen Kaufleute ebenso geknüpft waren wie später durch die Postwege des Hauses Thurn und Taxis. Auf ursprünglich altbayerischem Siedlungsgebiet entstanden, erlebte die Stadt Nürnberg seit ihrer ersten urkundlichen Erwähnung in der sogenannten Sigena-Urkunde im Jahr 1050 einen raschen wirtschaftlichen und politischen Aufstieg. Bereits 1062 wurde Nürnberg als Marktort bezeichnet, der Freiheitsbrief Kaiser Friedrichs II. aus dem Jahr 1219 gewährte wesentliche Rechte in Abgrenzung zu den Hohenzollernschen Burggrafen. Ein weitverzweigtes Netz von Zollfreiheiten gewährte den Nürnberger Handelsunternehmen die Möglichkeit, internationale Handelsbeziehungen von Venedig bis in den Ostseeraum aufzubauen. Um 1500

Freiheitsbrief Kaiser Friedrichs II. von 1219.

zählte Nürnberg ca. 40 000 bis 50 000 Einwohner und war damit nach Köln eine der größten Städte im Reich. Die Lage in der Mitte des alten Reiches (Nürnberg lag circa gleich weit von den Hauptwasserstraßen Main und Donau entfernt) und die besondere Sicherung durch die Stadtmauer führte dazu, dass die Reichskleinodien (Reichskrone, Reichsapfel, Zepter und Schwert) seit 1424 im Heilig-Geist-Spital aufbewahrt wurden. Die Goldene Bulle aus dem Jahr 1356, eine Art Reichsgrundgesetz, bestimmte, dass jeder Kaiser seinen ersten Reichstag in Nürnberg abzuhalten hatte. Das in Nürnberg ebenfalls florierende Metallgewerbe und die Faktoreien der Feinmechanik sorgten dafür, dass Nürnberg das deutsche Zentrum für technische Innovationen wurde, welche Wissenschaftler aus aller Welt anzogen. Der aus Königsberg in Franken stammende Kartograf und Astronom Johannes Müller (genannt Regiomontanus, 1436–1476) ließ sich in Nürnberg nieder und entwickelte modernste Karten und wissenschaftliche Geräte. Regiomontanus konnte auch auf das Nachrichtennetz der Handelswege bauen, er wählte deshalb Nürnberg ausdrücklich als Wohnsitz, „da man von so einer verkehrsgünstig gelegenen Stadt aus leicht auch mit anderen Orten in Verbindung treten kann, sich in einem Geschäftszentrum befindet und von den Handwerkern besonders taugliche Beobachtungsinstrumente zu erwarten hat". Der „Erzhumanist" Konrad Celtis (1459–1508) wurde nach dem Vorbild des Francesco Petrarca am 18. April 1487 auf dem Nürnberger Reichstag von Kaiser Friedrich III. zum Poeta Laureatus gekrönt. Er brachte das humanistische Bildungsstreben zu einer Blüte in Nürnberg: Er gab als Erster die Germania des Tacitus heraus und verfasste als Teil einer größer geplanten, aber nie vollendeten Beschreibung Deutschlands ein Städtebild Nürnbergs, in welchem er eine lebendige Schilderung der damaligen Lebensverhältnisse und der Stadtverfassung lieferte. Wahrscheinlich stellte er auch die künstlerische Verbindung zwischen Willibald Pirckheimer und Albrecht Dürer her; ein erstes Zusammenwirken zwischen den beiden späteren Freunden lässt sich anhand der Herausgabe der Schriften der Roswitha von Gandersheim, die Celtis besorgte, nachverfolgen. Nürnberg wurde zum Zentrum der Geografie, Kartografie und Astronomie. Martin Behaim (1459–1507)

Nürnberg zog zu Lebzeiten Willibald Pirckheimers Wissenschaftler aus aller Welt an – so auch den Astronomen Nikolaus Kopernikus (1473–1543).

schuf den Weltglobus, der die damalige Welt (noch ohne Amerika) darstellte und beschrieb. Ihren künstlerischen Höhepunkt erreichte die Stadt ebenfalls in der Epoche Albrecht Dürers und Willibald Pirckheimers: Adam Kraft schuf das Sakramentshaus für die Lorenzkirche, an dem er sich selbst als Handwerker selbstbewusst darstellte; der Erzgießer Peter Vischer gestaltete das monumentale Sebaldusgrab als ein Hauptwerk der Erzgießkunst der Renaissance in der Sebalduskirche. Veit Stoß schuf für St. Lorenz als Abschluss der gotischen Plastik den Englischen Gruß. Allerdings war Nürnberg auch im Zusammenhang mit der sich entwickelnden Erzgießerei und dem Hüttenwesen ein Zentrum der Kriegswaffenherstellung. Hier wurden große Geschütze für alle möglichen Kriegsherren gegossen, um 1517 herum wurde durch die Erfindung des Radschlosses die Waffentechnik immer weiter verfeinert. Der Schuhmacher und Poet Hans Sachs verfasste Meistergesänge, die später durch Richard Wagners Oper berühmt wurden, daneben setzte er sich kämpferisch unter anderem mit seinem Gedicht „Die Wittenbergische Nachtigall" aus dem Jahr 1523 für die neue lutherische Lehre ein. Auch in musikalischer Hinsicht war Nürnberg führend; der blinde Konrad Paumann (um 1410–1473) wirkte als Organist und Lautenist in Nürnberg und am herzoglichen Hof in München. Er schrieb mehrere grundlegende Werke zur Technik der Liedbearbeitung und des

Orgelspiels. Man kann vermuten, dass Willibald Pirckheimer insbesondere sein Werk „Fundamentum organisandi" kannte und hieraus lernte. Weiter wirkte in Nürnberg der Astronom Nikolaus Kopernikus (1473–1543), der in seiner Entdeckung des heliozentrischen Weltbildes zur sprichwörtlichen kopernikanischen Wende der Erkenntnis der Himmelskunde beitrug. Das geozentrische Weltbild mit der Erde als Mittelpunkt war spätestens nach seinem im Jahr 1543 in Nürnberg erschienenen Hauptwerk „De revolutionibus orbium coelestium" (Über die Umdrehung der Himmelskörper) zur Wissenschaftsgeschichte abgestempelt worden. Bereits im Jahr 1514 verfasste er einen kleinen Kommentar zur Himmelskunde, den sogenannten Commentariolus, der quasi als Versuchsballon zur Lektüre von ausgesuchten Zeitgenossen die Sonne in die Mitte des Weltraums setzte. Bereits hier findet sich der bahnbrechende Satz „Der Mittelpunkt der Erde ist nicht der Mittelpunkt des Universums".

Dieser erste wissenschaftliche Versuch dürfte auch bei den Nürnberger Humanisten von Hand zu Hand gegangen sein.

Die Veröffentlichungen des Kopernikus gehen zurück auf Vorstudien des Nürnberger Mathematikers und Globenbauers Johannes Schöner, der als Mathematikprofessor des Egidien-Gymnasiums den griechischen Philosophen Aristarch von Samos wiederentdeckte, der seinerseits bereits um 300 v. Chr. die Sonne in die Mitte des Weltraums rückte. Schöner unterstützte seinerseits Pirckheimer bei dessen Edition der Ptolemäus-Übersetzung ins Lateinische.

Die Verfassung der Stadt Nürnberg bot die Grundlage dafür, dass sich Handel, Handwerk und Wissenschaft derart explosionsartig entwickeln konnten. Typisch für die Entwicklung Nürnbergs war die Regentschaft des Patriziats, ähnlich wie in Venedig eine geschlossene Führungsschicht aus circa 40 Familien, die sich über Jahrhunderte hinweg die Stadtführung teilten. Diese setzten sich zusammen aus Großkaufleuten und Ministerialen, die als Landadelige in die Stadtregierung aufgenommen wurden.

Als „Schulreferent" unterstützte Willibald Pirckheimer Philipp Melanchthon bei der Gründung des Egidien-Gymnasiums. (Kupferstich von Albrecht Dürer)

# ANFÄNGE DER BILDUNGSPOLITIK

Eine Konstante der gesamten Ratstätigkeit des Willibald Pirckheimer war das Eintreten für eine moderne Bildungspolitik. Gleich nach der Ernennung zum Jungen Bürgermeister wurde er mit der Erneuerung des städtischen Schulwesens beauftragt; eine Tätigkeit, die ihn die ganze Ratstätigkeit hin begleiten sollte. Man kann seine Funktion modern als Schulreferent der Stadt Nürnberg bezeichnen. Diese Funktion behielt er am längsten, noch im Jahr 1526 kümmerte er sich durch die Empfehlung des Mathematikers Johann Schöner zusammen mit Philipp Melanchthon um die Gründung des Egidien-Gymnasiums.

Pirckheimer hatte es von seinem Haus nicht weit zu seiner künftigen Tätigkeitsstätte, dem Rathaus der freien Reichsstadt Nürnberg. Er wurde sogleich in eine Vielzahl von Ratsgeschäften eingebunden, die kaum noch Freizeit für wissenschaftliche Studien übrig ließen. So musste er als Junger Bürgermeister einmal jährlich zusammen mit einem Älteren Bürgermeister für vier Wochen die Aufgaben des Regierenden Bürgermeisters übernehmen. Daneben musste er an Gerichtssitzungen der sogenannten „Fünf Herren" teilnehmen. Zusätzlich wurden ihm auch Aufgaben der Stadtverteidigung als sogenannter Viertelmeister zugeteilt, das heißt er war u.a. zuständig für die Bürgerwehr. Hinzu kamen Aufgaben der Feuerwehr, der Steuerüberwachung, des Forstwesens und der baulichen Aufsicht über Straßen und öffentliche Brücken. Der wichtigste Verwaltungsbereich, der seinen persönlichen Interessen am nächsten kam, war die Erneuerung und die Pflege des städtischen Schulwesens. Die Ratsakten geben ausführlich Auskunft über seine über Jahrzehnte

Der Stadtplan aus dem Pfinzing-Atlas von 1594 zeigt, dass Nürnberg in acht Viertel aufgeteilt war. Jedem dieser Stadtteile standen zwei Viertelmeister vor.

hinweg nachweisbaren Tätigkeiten als „Schulreferent" der Stadt Nürnberg. Auf Veranlassung des Vaters Dr. Johann Pirckheimer fasste der Rat der Stadt Nürnberg am 24. März 1496 den Beschluss, „einen Poeten zu bestallen und aufzunehmen, der hier öffentlich mit der besten Fug und Ordnung in Poetris lese". Dem Direktor der Schule wurde ein stattliches Jahresgehalt von 100 Gulden zuerkannt. Als erster Rektor der Poetenschule wurde der Humanist Heinrich Grieninger gewonnen. An Willibald Pirckheimer ging mehrfach die Anweisung, sich um den erfolgreichen Fortgang des Schulbetriebes zu kümmern. Daneben trat die Reform und die Überwachung der vier weiteren Lateinschulen in Nürnberg, nämlich die zu St. Lorenz, St. Sebald, St. Egidien und der Kirche zum Heiligen Geist. Die neuen Lehrinhalte der Poetenschule, die die jungen Studenten auf ein Universitätsstudium vorbereiten sollten, trafen jedoch auf erheblichen Widerstand konservativer Kräfte im Rat. Diese Schule hatte mehr und mehr um ihr Überleben zu kämpfen und wurde schließlich im Frühjahr des Jahres 1509 wieder eingestellt.

Grund war offensichtlich ein erheblicher Konkurrenzneid der Betreiber der anderen Lateinschulen, insbesondere der Dominikaner, mit denen sich Pirckheimer in späteren Jahren noch deutlicher auseinandersetzen musste. Diese verkündeten öffentlich theologische Bedenken gegen die modernen humanistischen Studien wie Geografie, Mathematik und Geschichte, die hier betrieben wurden, dies artete sogar aus zu Prügeleien und Messerstechereien zwischen den Schülern der Poetenschule und Angehörigen der Sebalder Lateinschule.

Für derartige moderne Studien war die Zeit offensichtlich in der alten Reichsstadt noch nicht reif. Der Rat beschloss am 15. Juni 1498, noch auf Veranlassung des Vaters Pirckheimers, „Michel Beheim und Willbald Pirckheimer zu dem Prior und den Predigern zu schicken, und Rede mit ihnen zu tun seines Predigens von dem Studieren im Poeticis abzustehen".

Der erste Rektor der Poetenschule legte seinen undankbaren Lehrauftrag nieder und nahm lieber im Jahr 1506 eine Stelle als bischöflicher Sekretär in Würzburg an. Im Jahr 1509 wurde Willibald Pirckheimer zum Oberaufseher der beiden Lateinschulen zu St. Lorenz und St. Sebald bestellt. Hier heißt es im Ratsverlass: *„Und sol Herr Willibolt Birkhaimer anfang ein zeitlang die beeden Schulen visitieren, auf dass solch Lernung in ein beständig wesen gebracht wird."*

Auch bei der Besetzung des Rektors an der Lorenzer Schule gab es Personalstreitigkeiten. Willibald Pirckheimer setzte durch, dass der Humanist Johannes Cochläus mit der Leitung der Schule beauftragt wurde und das Bildungsprogramm vorsichtig modernisiert wurde. Er traf hier auf den Widerstand des mächtigen Patriziers Anton Tetzel, der lieber einen ihm gemäßen Konkurrenten auf die Stelle gehoben wissen wollte. In späteren Jahren zählte Anton Tetzel zu den schärfsten Gegnern Pirckheimers und sollte diesem noch viel Ärger durch aufgezwungene Prozesse bereiten. Die Lerninhalte der Lateinschule sind erhalten: Es sollte der Mathematik- und Musikunterricht modernisiert werden, ebenso sollten moderne Wissenschaften wie Geografie und Philosophie gelehrt werden. Mit Cochläus stand Willibald Pirckheimer in engem brieflichen Austausch, man diskutierte, wie altgriechische Lyrik wohl vertont werden könnte. Pirckheimer war noch bis 1521 offiziell für die Visitation der Lateinschulen eingesetzt, noch zur Gründung des Egidien-Gymnasiums im Jahr 1526 empfahl er die Berufung des Mathematikprofessors Johannes Schöner, mit dem Pirckheimer ebenfalls freundschaftlichverbunden war und mit dem er sich wissenschaftlich austauschen konnte. Die Oberaufsicht über das Schulprogramm verblieb bei Pirckheimer, doch 1521 wurde ein eigener Schulrat eingesetzt, der „nach Befehl und Unterweisung Herrn Willibald Pirckheimers die drei Schulen zu St. Sebald, St. Lorenz und zum Neuen Spital visitieren sollte".

Die Ausbildung der Jugend lag Pirckheimer am Herzen, auch seine Neffen Hans, Georg und Sebald Geuder unterrichtete Pirckheimer in den Jahren 1510 bis 1512 zusätzlich in lateinischer Grammatik und Geschichte. Später gingen die Neffen zusammen mit Cochläus auf Bildungsreise nach Italien. Diesen gab Pirckheimer einen Merkzettel mit, offensichtlich in Erinnerung der Anweisungen seines Vaters, in denen er sie zu einem gewissenhaften Studium und tugendhaften Lebenswandel ermahnte.

Da sich Pirckheimer die freie Rede nicht verbieten ließ, eckte er verschiedentlich mit seinen Kollegen aus dem Kleinen Rat an. Mit der Cliquenwirtschaft einiger Ratsfamilien, die nur das wirtschaftliche Wohl des eigenen Clans im Auge hatten, konnte Pirckheimer nichts anfangen. Dies scheint ein Grund dafür gewesen zu sein, im Jahr 1502 für drei Jahre seine Ratsgeschäfte niederzulegen. Als offiziellen Grund gab er an, dass er nach dem Tode seines Vaters Johann Pirckheimer, der am 3. Mai 1501 verstarb, die Familiengeschäfte und die Verwaltung des Familienvermögens übernehmen musste und so keine Zeit mehr für die mannigfaltigen Tätigkeiten im Rat hatte. Der Vater erhielt noch im Jahr 1497 die Weihen zum Priester und trat Anfang 1501 in das Nürnberger Franziskanerkloster ein. Pirckheimer vermerkte über seinen Vater, dass dieser am Ende seines Lebens zunehmend grämlicher wurde; dies scheint aber das gute Verhältnis zwischen Vater und Sohn nicht sonderlich getrübt zu haben. Ein weiteres, vielleicht ausschlaggebendes Motiv für die Niederlegung der Amtsaufgaben war wohl auch der Wunsch, sich mehr mit den Wissenschaften, alten Sprachen und Übersetzungstätigkeiten zu befassen, nachdem die Ratstätigkeiten, insbesondere viele diplomatischen Missionen, aber auch zwei kriegerische Einsätze ihn vollständig beansprucht hatten.

Nachdem Pirckheimer in Eichstätt das ritterliche Kriegswissen kennengelernt hatte, erschien er dem Rat offensichtlich als geeignet, in zwei Kriegszügen die von der Stadt Nürnberg gestellten Soldaten zu führen. Der eine Feldzug, bekannt geworden als der „Schweizerkrieg" im Jahre 1499 erforderte erhebliches diplomatisches Geschick, da die Stadt Nürnberg zwar aufgrund der Bundestreue gezwungen war, König Maximilian gegenüber den abtrünnigen Schweizern zu unterstützen, es aber gleichzeitig nicht darauf anlegte, es mit den Schweizern zu verderben, da mit diesen erhebliche Handelsverbindungen bestanden. Der zweite, kleinere militärische Auftrag mit dem Pirckheimer bedacht war, ist in die Annalen der Stadt Nürnberg als die sogenannte „Schlacht im Walde" aus dem Jahre 1502 eingegangen. Ein umfangreiches Schlachtengemälde, welches heute im Germanischen Nationalmuseum hängt, bietet hiervon ein anschauliches Bild. Bei all dem ist Pirckheimer eingebunden in die regionale und Reichspolitik, die insbesondere gekennzeichnet ist durch die Auseinandersetzungen mit den Markgrafen von Ansbach, die jahrzehntelang nach Hegemonie in Franken strebten, ja sogar den Titel eines Herzogs von Franken erreichen wollen, was letztendlich nicht gelingen sollte. Die Bildung des fränkischen Reichskreises 1512 im Zuge der Reformbemühungen Kaiser Maximilians I. führte nicht nur dazu, dass sich die Bischöfe von Würzburg längere Zeit Herzöge von Franken nannten, sondern auch dazu, dass sich ein deutliches fränkisches Zusammengehörigkeitsgefühl über die Grenzen der Kleinstaaterei hinaus entwickelte, das sich in Abgrenzung zu Bayern bis heute hartnäckig hält.

# DER SCHWEIZERKRIEG

Ein wichtiger Einschnitt für den jungen Familienvater war die erste Berührung mit der Weltpolitik. Pirckheimer wurde dazu bestimmt, als Feldobrist eine Nürnberger Truppe von ca. 330 Soldaten zur Unterstützung der kaiserlichen (damals noch königlichen) Kräfte in die Schweiz zu führen. Dieser Auftrag war ihm wichtig, er hatte ihn mehrfach literarisch verarbeitet. So ist sein literarisches Hauptwerk, der Schweizerkrieg (Bellum Helveticum), an dem er seit 1517 schrieb, nicht umsonst eines der frühesten Beispiele der modernen Geschichtsschreibung der Neuzeit geworden. Pirckheimer verbindet hierin geschickt objektive Geschichtserzählung mit subjektivem Erleben. Schon in seiner Selbstbiografie berichtet Pirckheimer vom Kriegszug in die Schweiz, er greift das Thema später in verschiedenen Briefen auf. Der Kriegszug erforderte vom Nürnberger Feldhauptmann viel diplomatisches Geschick. Sollte doch König Maximilian (der erst 1508 zum Kaiser gekrönt wurde) die Bundestreue ebenso wenig versagt werden, wie den Schweizern allzu großer Schaden zugefügt werden, da die Schweizer Städte enge Handelspartner der Reichsstadt Nürnberg waren. Fast zwangsläufig musste sich deshalb Pirckheimer auch literarisch mit dem Vorwurf auseinandersetzen, dass die Nürnberger Truppe nicht allzu eifrig die – ziemlich planlosen – Kriegszüge des Königs Maximilian unterstützt hatte.

Schon Kaiser Friedrich III. rief einen „Schwäbischen Bund" ins Leben, um die abtrünnigen Eidgenossen notfalls mit militärischer Gewalt unter die Habsburger Fittiche zu bringen. Die Schweizer dachten aber nicht daran, das Reich noch groß zu unterstützen. Sie lehnten die Reichsreform König Maximilians ab und wollten ihr Recht selber schaffen und sich nicht dem aufgedrängten Rechtsregiment des Reichskammergerichts unterwerfen. Noch weniger schmeckte ihnen der „gemeine Pfennig", eine Reichssteuer, die zu zahlen die Kantone nicht mehr bereit waren. Auch von der aufkeimenden Erzfeindschaft zu Frankreich hielten die Schweizer herzlich wenig, König Karl VIII. war sozusagen militärischer Großkunde der Schweizer: gemietete Schweizer Landsknechte fochten in vielen kriegerischen Einsätzen des französischen Königs. Als König Maximilian auch noch die Stadt Konstanz nötigen wollte, dem Schwäbischen Bund beizutreten, kam es zu militärischen Auseinandersetzungen, die für

40

Der Schweizerkrieg 1499: Kupferstich des Monogrammisten P.P.W. Am linken oberen Bildrand die Schlacht bei Frastanz. Im Vordergrund links das Gefecht bei Hard. Weiter rechts bei Konstanz die Schlacht bei Schwaderloh. Noch weiter rechts die Eroberung von Tengen. Und am ganz rechten oberen Bildrand, die entscheidende Schlacht bei Dornach.

Der obere Teil des Bildes nimmt die Darstellung der Eidgenossenschaft auf. Man blickt gegen die Alpen. Der mittlere Teil stellt den Bodensee und den Hegau dar. Detailversessen wird schriftlich und bildlich dargestellt, wie der Rhein, dessen Ursprung in den Alpen übrigens auch verzeichnet ist, durch den Bodensee fließt. Der Vordergrund stellt Oberschwaben dar. Hier sieht man sehr detailreich, heranziehende Truppen des Schwäbischen Bundes. Die Donau ist vorne rechts zu sehen. Ihr Ursprung im Schwarzwald ist ebenfalls vermerkt.

Von ursprünglich sechs Stichen ist nur dieses vollständige Exemplar erhalten. Es befand sich (1897) im Germanischen Nationalmuseum in Nürnberg.

die Schweizer wegen ihrer Ortskenntnis im gebirgigen Gelände und der angewandten Guerillataktik meist siegreich verliefen. In mehreren Schlachten wurden die mühsam zusammengestellten habsburger und kaiserlichen Truppen zurückgeschlagen, so in der sogenannten Schlacht am 11. März 1499 am Bruderholz bei Basel, am 11. April 1499 bei Schwaderloh am Bodensee und schließlich am 22. Mai 1499 in der sogenannten Calvenschlacht im oberen Vinschgau. Die militärische Führung König Maximilians war offensichtlich überfordert, es gab keinen vorbereiteten Kriegsplan; ein einheitliches strategisches Vorgehen scheiterte an den dolchstoßartigen Angriffen kleiner schweizer Haufen, die die schwerbewaffneten königlichen Reiter in den Bodensee trieben, wo sie in ihren schweren Rüstungen jämmerlich ertranken.

Pirckheimer bereitete sich sorgfältig auf den Kriegszug vor. Er betrieb in seiner Jugend offensichtlich viel Sport, das heißt zur damaligen Zeit insbesondere Kampfsport in Form von Ringen und Fechten. So ist in der Nürnberger Stadtbibliothek eine eigenhändige Abschrift eines der ältesten Handbücher für die Fechtkunst erhalten, das sogenannte Meister Lichtenauer Fechtkunstbuch. Von seinem Vater erbte er Handbücher über die rechte Kriegsführung. Das Werk von Leonardi Bruni „Libellus de militia" (Handbuch der Kriegskunst) ist von Pirckheimer mehrfach durchgearbeitet und mit Randglossen versehen worden.

So schickte der Rat der Stadt Nürnberg Pirckheimer am 1. Mai 1499 nachmittags mit 30 Reitern, 300 Mann zu Fuß, 4 Kanonen und 6 Wagen Kriegsmaterial durch das Spittlertor los, um über Nördlingen und Ulm an den Bodensee zu gelangen. Pirckheimer wurde durch einen kriegserfahrenen Ritter, Hans von Weichsdorf, unterstützt. Die Mannschaften waren in auffällige rote Uniformen gekleidet, noch heute als fränkische Landesfarbe bekannt. Pirckheimer hielt alles, was er sah und erlebte in tagebuchartigen Skizzen fest. Mehrfach erwähnte er brieflich, dass er auch während seiner Reisen seine literarischen Studien nicht unterbrochen hatte. Der 28-jährige Pirckheimer wusste, dass er ausgesucht wurde, um eine heikle diplomatische und militärische Aktion zu meistern. Er machte sich mit wissenschaftlicher

*Szene des Schweizerkrieges aus einem Triumphzug von Kaiser Maximilian. Dieser hat in Wirklichkeit nie stattgefunden. (Von Albrecht Altdorfer)*

Gründlichkeit an die Aufgabe, von der seine berühmte Monografie berichtet. Er schildert später in lebendigem Latein nicht nur die Vorgeschichte des Schweizerkrieges, sondern mischt persönliches Erleben mit konkreter historischer Schilderung. Der in der Schweiz „Schwabenkrieg" genannte Feldzug der Habsburger gegen die Schweizer Kantone hatte eine jahrhundertelange Vorgeschichte der Loslösung vom Reich. Bereits der Zusammenschluss der Urkantone 1291 zur Urschweiz erfolgte in Abgrenzung zur Herrschaft der Habsburger. Diese waren nicht damit einverstanden und führten Krieg gegen weitere Orte, die der Eidgenossenschaft beitreten wollten. Diese Feldzüge gingen regelmäßig zugunsten der Eidgenossenschaft aus. Auch mit dem neuen Feldzug hatte der König kein Glück. Der 1486 zum römischen König gewählte Maximilian, der 1493 die Regentschaft des Hauses Habsburg und des Reiches antrat, konnte aus seiner Sicht nicht dulden, dass sich die Schweizer Kantone mehr und mehr vor allem handelspolitisch mit Frankreich verbündeten. Auch taten sich die Eidgenossen schwer, die Reformbeschlüsse des Wormser Reichstages von 1495 anzuerkennen, den Reichspfennig als allgemeine Kopf- und Vermögenssteuer lehnten die Schweizer rundweg ab. Dies reichte, um Truppen aus den österreichischen Erblanden und des Schwäbischen Bundes zu mobilisieren, um im Frühjahr 1499 in die Schweiz einzufallen. Dem König und späteren Kaiser standen ca. 45 000 Mann zur Verfügung. Auf Schweizer Seite wurden wohl 30 000 Mann eingesetzt, die aber wegen ihrer Ortskenntnis und aufgrund des Umstandes, dass sie um ihre Heimat kämpften, den zurückhaltend agierenden kaiserlichen Truppen überlegen waren. Insgesamt war der militärische Verlauf für das Haus Habsburg ein Misserfolg auf der ganzen Linie. Kaum eine der mit Maximilian verbündeten Städte wollte es sich mit den Handelsgenossen aus der Schweiz verderben. Während die Schweizer eine allgemeine Wehrpflicht eingeführt hatten, wurden die kaiserlichen Truppen nur durch schlecht bezahlte Söldner unterstützt. Vor allem die reichen Städte schickten die angeforderten Truppen nur in geringerer Zahl und immer später als angefordert. Nur Nürnberg schickte einen einigermaßen kampferprobten Haufen. Auch der Nürnberger Rat hat die von Maximilian angeforderten Truppen zunächst zwei Monate zurückgehalten, um nicht die Speerspitze der kaiserlichen Truppe bilden zu müssen. Pirckheimer hat an größeren Schlachten nicht teilgenommen. Er wird froh gewesen sein, vom Kaiser den Auftrag erhalten zu haben, einen Tross mit Proviant aus dem Veltlin abholen zu müssen. Diese Aufgabe entwickelte sich aber zu einem durchaus gefährlichen Kommandounternehmen, das durch Flankenangriffe der Schweizer gefährdet wurde. Die angeblich bereitgestellte Verpflegungskolonne war nicht vorhanden, so ließ Pirckheimer erst 50 Tragtiere zusammenstellen, die mit Lebensmitteln beladen wurden. Er brachte diese Transportkolonne in einem halsbrecherischen Zug über Hochgebirgspässe zu den kaiserlichen Truppen ins Engadin zurück. Hierbei begegnete das Nürnberger Fähnlein den zeitlosen Greueln des Krieges, die vor allem die Zivilbevölkerung traf. Die Schweizer verbrannten ihre Dörfer und Felder, um den kaiserlichen Truppen die Nahrungsmöglichkeiten zu nehmen. Hungern mussten vor allem die Wehrlosen. Das wohl eindrücklichste Erlebnis Pirckheimers war ein Zug ausgehungerter Kinder, die von zurückgebliebenen alten Dorfbewohnerinnen auf die kargen Wiesen geschickt wurden, um Gras und Kräuter als Nahrungsersatz zu suchen.

Das Entsetzen über das, was sich Menschen gegenseitig antun können, spiegelt sich noch Jahre später bei Abfassung seines Berichts in seinen Worten wieder, mit denen er das Zusammentreffen mit den hungrigen Dorfkindern schildert. Er hielt fest, was er unmittelbar sah:

*„Der Zufall wollte, dass wir auf unserem Marsch durch ein großes, jetzt aber ausgebranntes Dorf kamen, an dessen Ende wir zwei alte Frauen erblickten, welche einen Zug von wohl vierzig Knaben und Mädchen, nicht anders als eine Herde Vieh vor sich hertrieben. Sie waren alle vor Hunger völlig ausgemergelt, mehr Toten schon ähnlich wurden sie auf die Wiese getrieben. Dieser Anblick jagte uns allen Schauer ein. Auf Befragen, wohin die Frauen die erbarmentswerte Schar trieben, antworteten sie, vor Schmerz und Hunger stammelnd, wir würden schon bald sehen wohin sich der unglückselige Zug bewege. Kaum hatten sie dies ausgesprochen stiegen sie auf eine Wiese herab, stürzten auf die Knie und begannen wilden Tieren gleich die Kräuter abzuweiden, mit dem einzigen Unterschied, dass diese es mit dem Mund fressen, sie aber zuvor mit den Händen ihre Speise abrupften. Durch die Übung hatten sie bereits die Kräuter unterscheiden gelernt und wussten, welche bitter und welche unschmackhaft und welche lieblich und genießbar waren. Namentlich suchten sie den Sauerampfer, welchen sie allen übrigen Grasarten vorzogen. Bei diesem entsetzlichen Schauspiel stand ich sprachlos und lange Zeit wie vom Donner getroffen. Eine der alten Frauen aber sprach weiter: siehst du nun, warum wir diese Schar dahin getrieben haben. Besser wäre ihr geschehen, wenn sie nie geboren, als das sie unter einem Heer von Leiden ein solches Jammerleben nun durchschleppen muss. Ihre Väter sind durchs Schwert gefallen, ihre Mütter den Hungertod gestorben, ihre Habe wurde als Beute weggeschleppt, ihre Wohnungen hatte die Flamme verzehrt, uns allein, aus Rücksicht unseres hohen Alters, hat man hier zurückgelassen, um diese höchst unglückselige Jugend, Tieren gleich auf die Weide zu treiben und, solang wir es noch vermögen, durch Grasfressen am Leben zu erhalten. Aber wir hoffen, dass baldigst sowohl wir als sie aus diesem namenlosen Jammer erlöst werden. Den schon sind wir, obgleich unsere Zahl noch einmal so groß war, bis auf diese herabgeschmolzen, während täglich einige vor Hunger und Mutlosigkeit dahinfallen. Glücklich sind die, welche ein schneller*

*Tod dahinrafft, während uns noch ein trauriges aber kurzes Leben bleibt. Bei diesem Anblick und Anhören dieser Worte konnte ich mir der Tränen nicht erwehren. Ich beklagte das jammervolle Menschenlos und verwünschte mit Recht die Unmenschlichkeit des Krieges."*

Pirckheimer hatte aber auch in seiner Truppe mit mutlosen und unwilligen Kriegern seine Mühe und Not. Seine Fußgänger weigerten sich schlechthin, die Proviantkolonne über den Bormiopass zu führen. Da half offensichtlich auch alles Befehlen nichts, nach vielen Diskussionen einigten sie sich dann doch aufs Weiterziehen, unter der Bedingung, dass Pirckheimer voranging. Diesem blieb nichts anderes übrig, als vom Pferd zu steigen, die Rüstung auszuziehen und den vordersten Tragesel an die Leine zu nehmen.

Pirckheimer führte seine leicht unwillige Truppe durch Matsch und Schnee über das Wormser Joch ins Engadin. Hierbei musste die Nürnberger Truppe seltener gegen angreifende Schweizer, viel mehr aber gegen die Gefahren des Hochgebirges kämpfen. Auch von Lawinen wurden sie nicht verschont; die Begegnung mit dem weißen Tod verlief jedoch glimpflich und konnte am Ende mit einem befreienden Lachen aufgearbeitet werden: *„Nun begab sich aber der Unfall, dass eine ungeheure Schneelawine, entweder durch das zu große Gewicht losgetreten oder durch die Sonnenhitze geschmolzen, von der übrigen Schneemasse sich losriss und von dem Gebirgshang schneller als ein vom Bogen abgedrückter Pfeil mehr als 400 Krieger mit sich riss und in den tiefsten Schlund begrub. Ein im ersten Augenblick entsetzliches Schauspiel, da so viele Menschen in einem Nu ergriffen und wie von einer Wasserflut verschlungen wurden. Aber bald verwandelte sich der Schreck in ein helles Gelächter, da die Soldaten von allen Seiten wie aus der Erde wiedergeboren hervorkrochen, mit Verlust bloß ihrer Lanzen, Helme oder sonstiger Kriegsmaterialien. Keiner wurde dabei vermisst oder ernsthaft verletzt."*

In die Nähe des Bodensees zurückgekehrt, beauftragte ihn der König, mit seiner Truppe die Flankensicherung des Heeres nach Süden sicherzustellen.

Der Kriegsplan des Feldherrn Maximilian, die Schweizer durch plötzliche Überfälle zu Wasser und zu Lande zu zermürben, ging nicht auf. Soweit ersichtlich, nahm Pirckheimers Truppe nur an einer dieser halbherzig durchgeführten Überfallaktionen teil. Pirckheimer schildert den Angriff auf den Bodenseehafen Rorschach, der am 20. Juli 1499 unter dem Kommando des Grafen Eitelfritz von Zollern stattfand. Zwar wurde die schweizerische Stadt niedergemacht und angezündet, aber auch die kaiserlichen Soldaten hatten ihre Mühe und Not mit dem Sieg. Da sich das Gerücht verbreitete, dass ein größerer Trupp Schweizer im Anmarsch war, flohen die Sieger von Rorschach Hals über Kopf in ihre Boote auf dem Bodensee, wobei einige wegen ihrer schweren Eisenrüstungen ertranken. Pirckheimer fand sich mit seiner Truppe beim königlichen Heerlager in Lindau ein. Dort forderte der König neue Truppen aus Nürnberg, die aber auf Anweisung des Rats zurückgehalten wurden. Um den König angesichts des sinkenden Kriegsglücks und des fehlenden Nachschubs bei Laune zu halten, veranstaltete Pirckheimer ein Wettschießen, an dem auch Maximilian teilnahm. Man war in das sichere Freiburg gezogen, hier traf auch das Nürnberger Ersatzkontingent ein. Pirckheimer nützte das persönliche Zusammentreffen mit dem König, um die Vorwürfe anderer Truppführer zu entkräften, die Nürnberger hätten sich allzu sehr von Kriegshandlungen ferngehalten. Nach der Exkursion über den Bormeiopass sah der König keine Veranlassung, an der Bundestreue der Nürnberger Truppen zu zweifeln. Es gelang Pirckheimer offensichtlich, den König und späteren Kaiser bei Laune zu halten. Er schildert das Freiburger Ereignis so:

*„Indessen kehrte der Kaiser nach Freiburg zurück, und ich zog ihm mit meinen Nürnbergern, bereits war frischer Zuzug angelangt, entgegen und führte ihm eine im Geviert aufgestellte Streitschar von 800 Mann Fußvolk nebst Reiterei und Geschütz (unter ihnen 200 Büchsenschützen) vor Augen. Er ritt in eigener Person um sie herum und freute sich, indem er alles sorgfältig besichtigte, nicht wenig über die wohl ausgerüsteten Truppen. Denn alle trugen Röcke von der gleichen roten Farbe, glänzende Waffenausrüstungen und äußerst brauchbare Gewehre und ließen so auf eine noch größere Zahl, als wirklich vorhanden, schließen. Ebenso schienen auch die Büchsen größer, deren Zahl nicht über 10 stieg. Dies alles erregte des Königs*

*Wohlgefallen, und da ich wusste, dass er am Losfeuern des Geschützes große Freude hatte, lud ich ihn zu einem Schießfest ein. Er zögerte nicht lange, sondern sprang augenblicklich vom Pferd, und nachdem er die größte unter den vorhandenen Büchsen ausgesucht und nach der Scheibe gezielt hatte, schoss er so sicher, dass er alle übrigen Schützen übertraf und darüber, wie mir schien eine nicht geringe Freude empfand."*

Der zukünftige Kaiser und der Patrizier kamen sich persönlich aber noch näher. Pirckheimer berichtete hierüber seinem Freund Philipp Melanchthon, dessen Schwiegersohn Peucer die so tradierte Begebenheit festhielt. Der Bericht des Philipp Melanchthon lautet: „*Pirckheimer zu Nürnberg hat mir gesagt, dass Maximilian selbst seine res gestas (die Darstellung seiner Taten) etlicher Jahre gefasst habe. Er erzählte mir, er sei einst mit ihm von Lindau gegen Konstanz gefahren. Da nun der Kaiser ein wenig Ruhe hatte im Schiff, habe er einen Schreiber gefordert und ihm lateinisch seine Taten eines Jahres diktiert mit mancherlei Anschlägen und Umständen. Als aber Pirckheimer meinte, der Kaiser hätte etwas heimliches zu schreiben, wollte er sich zurückhalten, aber der Kaiser ließ ihn bleiben und zuhören. Abends hat er es ihn lesen lassen und hat Pirckheimer gefragt, wie ihm das einfache Reiter-Latein gefiel. Pirckheimer lobte den geübten Ausdruck und meinte, dass gelehrte Leute die Beschreibungen des Königs als gute Grundlage für eine Kriegsgeschichtschreibung brauchen könnten."*

Der all so gelobte König und spätere Kaiser hörte dies gern und ernannte Pirckheimer kurz nach Kriegsende zum Kaiserlichen Rat. Die auf dieser Bootsfahrt begründete Freundschaft zwischen Kaiser und Patrizier hielt bis zum Tode des Habsburgers 1519 an.

Pirckheimer war sein Leben lang stolz auf den Titel des Kaiserlichen Rates und ließ ihn noch im November 1526 durch Kaiser Karl V. bestätigen. Zehn Briefe sind heute noch aus der Korrespondenz zwischen Pirckheimer und Kaiser Maximilian von den Jahren 1513 bis zum Tod des Habsburgers im Jahr 1519 erhalten. Siebenmal schreibt der Kaiser an Pirckheimer, dreimal der Humanist an Maximilian. Es finden sich einfache Geleitbriefe, überwiegend aber tauschten sich beide über humanistisches Gedankengut und die neueste Literatur aus.

Nachdem die Schweizer ein Bündnis mit Frankreich eingegangen waren, versuchte man durch Verhandlungen unter Vermittlung des Herzogs von Mailand die Kampfhandlungen mit einem einigermaßen glimpflichen Frieden zu beenden. Was Pirckheimer über die zähen Friedensbemühungen zu berichten wusste, hat allgemeine Gültigkeit für alle diplomatischen Gespräche: *„Die Friedensunterhandlungen zogen sich indes gewaltig in die Länge, da jeder Teil Vorschläge brachte, die der andere unmöglich eingehen konnte, da auch beidseits Vergütung des Schadens gefordert wurde. Und obgleich der Gesandte Mailands alle erdenkliche Mühe sich gab, dem wütenden Kriegern Einhalt zu tun, so war dennoch alle Arbeit umsonst. Jeder Teil behauptete, das ihn der begonnene Krieg nicht reue, und verblieb hartnäckig in seinem Widerstand."*

Auf Druck Mailands und Frankreichs wurde dann schließlich doch noch am 22. September 1499 zu Basel Frieden geschlossen. Ergebnis war, dass die Eidgenossen nicht mehr Glieder des Reichs, sondern nur noch Schutzverwandte waren mit eigener Kriegs-, Gerichts- und Steuerhoheit. Die Schweiz zählte dann nur noch bis 1648 nominell zum Reich und konnte bis dorthin ihr Gebiet um Schaffhausen und Appenzell noch arrondieren.

Pirckheimer berichtete von all diesen Ereignissen tagesaktuell dem Nürnberger Rat. Erhalten ist ein Brief vom 14. Mai 1499 aus Lindau, der als frühes Zeugnis einer Kriegsberichterstattung gewertet werden kann. Pirckheimer selber konnte seine Truppen unbeschadet nach Nürnberg zurückführen. Der Rat dankte es ihm mit einer ansehnlichen Entlohnung und einer aufwendig gestalteten Gedenkschale. Die literarische Auseinandersetzung mit den zeitgeschichtlichen Ereignissen in der Schweiz war Pirckheimer wichtig. Er schrieb viele Jahre an seiner Geschichte des Schweizerkrieges, dessen Autograf in den Arundel-Manuskripten im Britischen Museum erhalten ist.

Anfang von Pirckheimers Manuskript zum Schweizerkrieg.

Eine erste Publizierung erfolgte im Rahmen der Sammelveröffentlichungen des Melchior Goldast in Frankfurt 1610. Seine Absichten, ein wissenschaftlich-historisches Werk zu schreiben äußerte er bereits frühzeitig. Er korrespondierte bereits 1517 mit Johannes Cochläus über die Arbeiten an der Helvetica. Als Vorarbeit zu sehen ist die Übersetzung des Essays des römischen Dichters und Satirikers Lukian „Wie man Geschichte schreiben soll" im Jahr 1515. In der Widmungsvorrede an Kaiser Maximilian nimmt er Bezug auf die Darstellungen zum Schweizerkrieg. Kaiser Maximilian ermuntert Pirckheimer in seinem Antwortbrief zur wissenschaftlichen Auseinandersetzung mit der Geschichte. Tatsächlich sah sich Pirckheimer in der Nachfolge des Sallusts und Tacitus. Seine Absicht war „sine ira et studio", also ohne einseitige Parteinahme in monografischer Form unter Aufgabe der annalistischen Erzählweise Zeitgeschichte zu schreiben. Größtes Vorbild war sein Lieblingsschriftsteller Lukian von Samosata (ca. 120–180), dessen spöttische und präzise Sprache ihn zeitlebens beeindruckte. Auch Erasmus von Rotterdam nahm Lukian in seine Sprichwortsammlung (Adagia) auf; so stammt der Spruch „aus einer Mücke einen Elefanten machen" von dem spätantiken Meister. Auch Pirckheimers Werk blieb im literarischen Gedächtnis. Teile des Berichts Pirckheimers übernahm der Arbeiterdichter Karl Bröger für seinen Landsknechtsroman „Guldenschuh".

## AUF DIPLOMATISCHEM PARKETT

Nach der Rückkunft vom Kriegszug erwartete Pirckheimer ein voller Dienstplan. Als Junger Bürgermeister musste er häufig Protokoll bei den Ratssitzungen führen, Anwesenheit war Pflicht. Die Stadt schickte ihren Jungen Ratsherren zu vielen auswärtigen Gesandtschaften; die wichtigste diplomatische Reise war wohl die im Jahr 1505 zum Reichstag nach Köln. Hier galt es für die Stadt Nürnberg nach Ende des Landshuter Erbfolgekrieges neu hinzugewonnene Gebiete für Nürnberg vertraglich zu sichern. Er rühmte sich selber, dass er bei den Verhandlungen 60 Thesen der Gegenparteien sich merken und aus dem Stegreif auf jede einzelne antworten konnte. Auslöser der sogenannten Wittelsbacher Familienfehde war der Tod Herzog Georgs des Reichen von Bayern-Landshut im Jahr 1503. Herzog Georg hatte gegen wittelsbachisches Hausrecht seine Tochter Elisabeth testamentarisch als Erbin eingesetzt. Nach dem Tode des Vaters beanspruchten der Ehemann der Elisabeth, der Pfalzgraf Rupprecht als auch Albrecht IV. von Bayern-München das Herzogtum in Niederbayern. Friedliche Verhandlungen scheiterten alsbald, Rupprecht von der Pfalz eröffnete mit einem Überfall auf Landshut den Krieg, der mühsam durch Vermittlung König Maximilians und Nürnbergs beendet werden konnte. Nürnberg hatte sich in der Auseinandersetzung wie auch der Habsburger Maximilian mit Herzog Albrecht von Bayern-München verbündet. Als Dank für diesen Einsatz konnte Nürnberg durch Abtretung Wittelsbacher Gebiete (die sogenannte „Jüngere Landschaft") seine Herrschaft erheblich vergrößern.

So wurden die Orte Altdorf, Lauf, Hersbruck, Velden und umgebende Waldgebiete der Nürnberger Herrschaft zugeschlagen. Auch der spätere Kaiser Maximilian I. anerkannte die Nürnberger Ansprüche mit einem gesonderten Vertrag, dem „Paktum Maximilianum I. Imperatoris cum Senatu Norembergensis" vom Juli 1504. Nürnberg verfügte fortan über das größte zusammenhängende Landgebiet einer deutschen Reichsstadt.

Auch der Reichstag bestätigte schließlich im Jahr 1505 den Gebietszugewinn Nürnbergs. In den Deutschen Reichstagsakten ist Pirckheimers Gesandtschaft, die er zusammen mit dem

Ratsherren und späteren Erzfeind Anton Tetzel durchführte, ausführlich belegt. Die Briefbücher des Nürnberger Rats enthalten sämtliche Instruktionen an die Gesandten. Offensichtlich konnte Pirckheimer hier für Nürnberg „ehrenhafte und nützliche Bedingungen" aushandeln, wie er selbst in seiner Autobiografie vermerkt. Dieser Reichstag war für Nürnberg und für Pirckheimer ein voller Erfolg.

Uneigennützig war auch nicht die Unterstützung Kaiser Maximilians I. gegenüber den Pfälzer Wittelsbachern. Als Dank für die kaiserliche Unterstützung trat Bayern an die Habsburger die Gebiete Kufstein, Rattenberg, Kitzbühel und das Zillertal ab. Albrecht IV. von Bayern, genannt „der Weise" war klug genug, den Sieg politisch für die Zukunft abzusichern. Mit dem Primogeniturgesetz von 1506 erreichte Bayern eine innere Stabilität und ein Festschreiben der Grenzen, die sich im Grunde bis heute so erhalten haben. Altbayern war auch kaum anfällig für die folgenden Bauernkriege, insbesondere des Jahres 1525. Die etwa zeitgleich erfolgende Einteilung des Reichs in sogenannte Reichskreise in Ausführung des Ewigen Landfriedens aus dem Jahre 1495 führte parallel dazu, dass durch Gründung des fränkischen Reichskreises sich in Abgrenzung zu den bayerischen Landschaften langsam ein Fränkisches Gemeinschaftsgefühl bildete.

Der Rat schickte Pirckheimer in den folgenden Jahren noch zu mehreren Reichstagen und Bundesversammlungen, insbesondere nach Würzburg, Donauwörth, Trier und wieder nach Köln. Noch im Jahr 1519 unternahm Pirckheimer eine diplomatische Reise in die Schweiz, diesmal in Begleitung von Dürer, um sich die schweizerische Waffenhilfe in den Auseinandersetzungen mit den Ansbacher Markgrafen zu sichern. Den Aufenthalt in Trier bei Kaiser Maximilian im Jahre 1512 nutzte Pirckheimer dazu, eine Geschichte der Stadt Trier zu schreiben und archäologische Studien zu betreiben.

Kaiser und Patrizier trafen in der alten Kaiserstadt wieder persönlich zusammen.

Beide tauschten sich über Fragen der Geschichte, der Archäologie und der Literatur aus. Der Kaiser ließ Pirckheimer nach seltenen Drucken und archäologischen Inschriften fahnden. Erhalten ist ein Brief Pirckheimers an Maximilian aus dem Herbst 1512, in dem dieser dem Kaiser von einer vergeblichen Suche nach einem verloren gegangenen Geschichtswerk berichtet, ihm aber quasi zum Trost die lateinische Inschrift der „Igeler Säule" zuschickt. Er berichtet dem Kaiser von den neuesten archäologischen Forschungen im Hinblick auf diese Säule, die als Grabsäule und nicht als Gedächtnissäule für Kaiser Konstantin gedeutet wurde. Noch Goethe beschreibt in seiner Kampagne in Frankreich 1792 diese antike Säule.

Hauptursache für die diplomatischen Missionen waren jedoch die jahrzehntelangen Auseinandersetzungen mit den benachbarten Markgrafen von Ansbach.

Die Gebietszersplitterung Frankens war ein wesentlicher Beweggrund, territoriale Ansprüche der Markgrafen von Ansbach zu wecken, die sich letztendlich sogar zu Herzögen von Franken aufwerfen wollten. Markgraf Albrecht Achilles von Brandenburg-Ansbach entwickelte ein tiefes Misstrauen gegenüber den reichen benachbarten Reichsstädten, insbesondere Nürnberg und brach 1449 den ersten Markgrafenkrieg vom Zaun. Höhepunkt der Kriegshandlungen war am 11. März 1450 eine größere Schlacht in der Nähe des Klosters Pillenreuth südlich von Nürnberg. Hier gelang es den Nürnberger Kriegsleuten, die anstürmenden Truppen des Markgrafen in die Flucht zu schlagen. Der im Juni 1450 unter Vermittlung Kaiser Friedrichs III. ausgehandelte Waffenstillstand hielt nicht allzu lange. Gegen Ende des 15. Jahrhunderts schlug sich Markgraf Friedrich der Ältere von Brandenburg-Ansbach auf die Seite der benachbarten Raubritter, die ihrerseits sich zu einer Landplage entwickelt hatten. Um den durch vielerlei Zollfreiheiten geförderten Handel der Stadt Nürnberg sicherzustellen, mussten mehrfach – im Wesentlichen erfolgreiche – Kriegszüge gegen die umliegenden Raubritter durchgeführt werden. So nahm Markgraf Friedrich der Ältere das Zerstören zweier Raubritterburgen im Ansbachischen zum willkommenen Anlass, im Jahr 1502 seinerseits nach

Nürnberg zu ziehen, um hier seine Gebietsansprüche auszuweiten. Als Vorwand fand sich für den Markgrafen kurzerhand die Ausübung des angeblichen Kirchweihschutzes für den Ort Affalterbach im Lorenzer Reichswald. So kam es denn am 19. Juni 1502 zu einer Schlacht zwischen Markgräflichen und Nürnberger Truppen vor den Mauern der Stadt Nürnberg in der Nähe der Alten Kapelle von St. Peter. Im Germanischen Nationalmuseum ist eine großformatige Darstellung erhalten, die den Schlachtenverlauf in vielen Einzelszenen wiedergibt. Die Auseinandersetzung war sehr verlustreich, die überraschten Nürnberger Truppen wurden bis vor die Stadtmauern Nürnbergs zurückgedrängt. Willibald Pirckheimer wurde in aller Eile beauftragt, eine Ersatztruppe in die Schlacht zu führen. In dem gesamten Durcheinander von Angriff und Flucht gelang es schließlich nur den schweren Geschützen auf den Stadtmauern, die Ansbacher endgültig in die Flucht zu schlagen. Der Markgraf schickte seinen Sohn Kasimir in die Schlacht. An dessen Seite kämpfte auch der damals 22-jährige Ritter Götz von Berlichingen, der die Kriegshandlungen in seinen Lebensbeschreibungen mit prahlerischen Worten schilderte, tatsächlich konnten aber die Ansbacher keinen Sieg davontragen. Allerdings konnte auch Willibald Pirckheimer hier das Kriegsglück nicht wenden; dass die Ansbachischen Söldner keinen größeren Schaden in der Stadt selber anrichten konnten, verdankten die Nürnberger ausschließlich ihren wehrhaften Männern und Kanonen. Die öffentliche Meinung suchte ein Ventil, um den Schrecken des Angriffs zu verarbeiten und wandte sich gegen Willibald Pirckheimer, der sich nach dem Schlachtgeschehen tagelang nicht aus dem Haus trauen konnte, da die Bürger ihm vorwarfen, den ansbachischen Truppen nicht genug eins auf den Kopf gegeben zu haben.

Es wurde Pirckheimer sogar in der Stadt vorgeworfen, dass er auf den militärischen Ausflug seinen damaligen Hausgast, den ehemaligen Studienfreund, Graf Galeazzo di San Severino mitnahm. Der ehemalige Studienfreund aus Padua sei dadurch aufgefallen, dass er durch allzu heftiges Hutschwenken noch zu Verwirrung beigetragen habe. Pirckheimer verteidigt sich gegen diese Vorwürfe in einem Brief an Konrad Celtis Anfang des Jahres 1503.

Die Nürnberger „Schlacht im Walde" fand 1502 südlich des Siechkobels St. Peter statt.

Kunstgeschichtlich bemerkenswert ist dieser Brief durch eine Federzeichnung auf dem letzten Blatt, die einen einrädrigen Wagen darstellt, auf dessen Kutschersitz ein mit einem Merkurshut versehener geflügelter Amor gezeichnet ist. Es ist davon auszugehen, dass der Malerfreund Dürer anlässlich eines Besuches bei Pirckheimer die Zeichnung aus einer Laune auf ein Blatt Papier bebracht hat, welches Pirckheimer später als Briefbogen verwandt hat. Ähnliche Skizzen finden sich in Dürers Skizzenbuch in Dresden.

Die Nürnberger aber versuchten zunehmend ihre Auseinandersetzungen im Interesse des internationalen Handels bestmöglich auf diplomatischem Wege zu lösen. Noch Jahrzehnte später mussten immer wieder diplomatische Verhandlungen mit den Markgrafen und den umgebenden Raubrittern geführt werden, bis schließlich in den 1520er-Jahren durch größere Feldzüge gegen die Landplacker das Raubritterwesen endgültig zurückgedrängt werden konnte.

*Pirckheimer warf seinem Ratskollegen Paul Volckamer vor, habsüchtig zu sein.*

Willibald Pirckheimer trat nach dem Tod seines Vaters am 3. Mai 1502 aus dem Rat aus mit der Begründung, sich der Verwaltung des Familienvermögens widmen zu müssen. Grund des Austritts waren wohl auch neben der Aufnahme literarischer Tätigkeiten Streitigkeiten innerhalb des Rates. Pirckheimer berichtet selber, dass er sich mit den Ratsherren Paul Volckamer, Kaspar Nützel und später Anton Tetzel überwarf. Der seine Aufgaben ernst nehmende Ratsherr pflegte selber, wie er ausführte, ein offenes Wort ohne Rücksicht auf Parteiungen und Cliquenwirtschaft. Viele seiner Ratskollegen nutzten offensichtlich ihre Stellung aus, um ihre Familien wirtschaftlich zu begünstigen. Dies lehnte Pirckheimer grundsätzlich ab und hielt auch mit seiner Meinung nicht hinter dem Berg. Dadurch musste er sich zwangläufig die Feindschaft einiger Ratsherren zuziehen. Seinen Ratskollegen Paul Volckamer schilderte Pirckheimer als parteiischen Mann, der äußerst habsüchtig gewesen sei und nichts scheute, Reichtümer seiner Familie zuzuschustern; die anderen Widersacher werden es ähnlich gehalten haben. Die persönlichen Probleme mit dem Ratsherren Volckamer lösten sich durch dessen Tod im Februar 1505. Pirckheimer ließ von seiner gefassten Absicht ab, doch noch den Doktortitel in Italien zu erlangen und ließ sich auf Drängen seiner Freunde bewegen, wieder in den Rat einzutreten. So wurde er mit großer Mehrheit bei der Osterwahl 1505 wiederbestellt. Wohl auf seinen Wunsch erhielt er nun die Stelle eines Alten Genannten. Durch die ehrenvolle Position war er im Wesentlichen von der täglichen Verwaltungspraxis verschont, musste allerdings nach wie vor an den Ratssitzungen teilnehmen. Weitere diplomatische Reisen unterbrachen diese Ratstätigkeit, die er nun bis 1523 ausübte. Danach legte er aufgrund seines fortschreitenden Gichtleidens sämtliche Ämter nieder. Am Ende schaffte er kaum noch den kurzen Fußweg von seinem Haus zum Rathaus, sondern war aufs Pferd angewiesen. Die Durchsetzung des Ewigen Landfriedens zur Befriedung der umliegenden Ritterschaften war eine der Hauptaufgaben, die dem älteren Ratsherren oblag, auch wurde er mit der Verfassung schwieriger lateinischer Schreiben an Fürsten, Kardinäle und Päpste beauftragt. In den Briefbüchern des Rates finden sich für den Zeitraum zwischen September 1512 und Oktober 1516 zwanzig Schreiben, die Pirckheimer betreffen, vor allem Anweisungen zu Pirckheimers Gesandtschaftsreisen, oft zusammen mit dem weiteren Ratsherren Kaspar Nützel. So finden sich Schreiben an den Hofmeister Hans von Schwarzenberg, des höchsten Beamten des Bischofs von Bamberg, mit dem Pirckheimer auf dem Trierer Reichstag zusammengetroffen war. Schwarzenberg ist seinerseits Verfasser eines für die damalige Zeit modernen Kriminalgesetzbuches, der Bambergischen Halsgerichtsordnung von 1507, die ihrerseits Vorbild des späteren Kriminalgesetzbuchs Kaiser Karls V., der Constitutio Criminalis Carolina von 1532 war. Ein in lateinischer Sprache verfasstes Schreiben an Papst Julius II. aus dem Jahre 1506, welches ebenfalls in den Briefbüchern des Rates erhalten ist, geht auf einen Entwurf Pirckheimers zurück. In den Ratsakten taucht Pirckheimer auch des Öfteren als Verfasser von umfangreichen Rechtsgutachten auf. So setzt sich Pirckheimer für die Edition einer römischen Rechtssammlung, nämlich des Corpus Juris Civilis ein. Das Interesse für das römische Recht entsprang dem humanistischen Interesse an der Quellenforschung (ad fontes – zurück zu den Quellen) und ist gleichzeitig für die damalige Zeit äußerst modern, da das römische Recht bereits hochentwickelt und durchstrukturiert war, dem althergebrachten zersplitterten germanischen Recht weit überlegen. Pirckheimer erwähnt in einem Brief an den Ratsherrn Christoph Koler die Herausgabe der altrömischen Rechtstexte durch den jungen Rechtswissenschaftler Gregor Haloander als wahren Glücksfall für Nürnberg. Die Druckkosten, so meinte Pirckheimer, würden sich sehr schnell amortisieren, da allein durch das Kammergericht hundert Exemplare sofort abgenommen werden würden. Auf Rat Pirckheimers wurde diese Gesetzesedition auch tatsächlich gedruckt. Pirckheimer unterstützte auch die Verbreitung. Es ist ein Brief des berühmten Juristen Ulrich Zasius aus Freiburg im Breisgau erhalten, in dem dieser sich ausdrücklich für die ihm von Pirckheimer zugesandten Bände bedankt. Aber auch inhaltlich setzte sich Pirckheimer mit der kritischen Textedition auseinander. Der junge Wissenschaftler Haloander vergewisserte sich hinsichtlich einer Vielzahl von Formulierungen, wie diese vom Griechischen in elegantem Latein wiedergegeben werden können.

Der Briefverkehr zwischen dem Herausgeber und Pirckheimer ist erhalten. Man verfolgt hier etwa die gewissenhafte Diskussion, welche lateinischen Begriffe am besten das griechische Wort für „Räuber" treffen. Die Veröffentlichung wurde im Gelehrtenkreis allgemein begeistert aufgenommen. Man war sich klar, dass korrekte Gesetzestexte auch zu einer besseren Rechtsprechung führen würden. So erschien zum 1. April 1529 der größte Textteil der sogenannten Digesten, 1530 folgte im September der Codex Justinianus und 1531 dann die zweisprachige Ausgabe der Novellen bei Petreius in Nürnberg. Die Renaissance des römischen Rechts war ein wesentlicher Gestaltungsfaktor für die Gründung nicht mehr personenbezogener, sondern überpersönlicher frühneuzeitlichen Staaten.

## ANWALT IN EIGENER SACHE

So viel Ansehen und Erfolg riefen bei Pirckheimer viele Neider auf den Plan. Als sein größter und beharrlichster Widersacher erwies sich mit der Zeit der Ratsherr Anton Tetzel, mit dem Pirckheimer sich schon bei der Besetzung der Nürnberger Lateinschulen nicht einig war. Um Pirckheimer kaltzustellen oder sich an ihm zu rächen, ersann eine Gruppe um Anton Tetzel einen perfiden Plan, um Pirckheimer im Rat zu desavouieren. Man schickte einen zweifelhaften, in Konkurs gefallenen Nürnberger Kaufmann namens Hans Schütz vor. Dieser setzte ein sogenanntes „Libell famos", eine Beschuldigungsschrift, in die Welt und reichte diese bei dem Rat ein. Die hierin erhobenen Vorwürfe waren offensichtlich hanebüchen und frei erfunden, gleichwohl ließ der Rat Pirckheimer diese Schrift zustellen und gab ihm Gelegenheit, sich dazu zu äußern. Die von Pirckheimer verfasste Verteidigungsschrift umfasst 22 Druckseiten und ist in den Pirckheimer-Papieren erhalten. Einer der Hauptvorwürfe des Hans Schütz gegenüber Pirckheimer war, dass dieser unerlaubtes Advozieren betrieb, nämlich eine an sich verbotene Anwaltstätigkeit für den Ratsherren. Die Anklageschrift erreichte Pirckheimer am 19. März 1514, als dieser bereits mit dem Ratsherren Kaspar Nützel unterwegs auf einer Reise nach Regensburg war. Die fünfseitige Anklageschrift ließ der Rat an den mitreisenden Kaspar Nützel senden mit der Bitte, den Inhalt dieses Schreibens dem angesehenen Ratsherren Pirckheimer schonend beizubringen, um ihn wissen zu lassen, dass trotz der Anschuldigungen der Rat hinter Pirckheimer stehe. Offensichtlich erfuhr Pirckheimer erst in Regensburg von diesen Beschuldigungen. Er setzte sich sofort hin und fertigte in eigener Angelegenheit eine umfangreiche, den Anforderungen der gerichtlichen Rhetorik genügende Verteidigungsschrift. Die Hauptvorwürfe, dass er als Ratsherr unerlaubt advoziere, für Ratssitzungen Geld kassiere, an Sitzungen aber tatsächlich nicht teilnehme und in Beratungen hereinrede, konnte er leichterdings widerlegen. Den Vorwurf, Pirckheimer wolle sich zum Herren der Stadt Nürnberg aufwerfen, hat er eher mit Humor abgetan. Auch der Rat nahm dies wohl nicht weiter ernst. Pirckheimer wies nach, dass er alle Sitzungen des Rats peinlich genau wahrnahm. Sofern er in Beratungen hineinredete, bestritt Pirckheimer dies nicht, nahm aber Bezug auf sein freies Rederecht und auf sein Gewissen, welches ihn verpflichtete, seine abweichende Meinung auch kundzutun. Auch dies akzeptierte der Rat als berechtigt. Daneben konnte Pirckheimer darlegen, dass er keine unerlaubten Anwaltstätigkeiten vornahm, sondern allerhöchstens arme Leute, Familienangehörige und Bekannte ohne Entgegennahme von Honoraren beriet. Pirckheimer wies nach, dass Schütz offensichtlich Ratsinterna verriet, die er als Nichtangehöriger des Rats gar nicht wissen konnte. Dahinter stand wohl sein Hauptfeind Anton Tetzel.

Schütz selber warf Pirckheimer vor, dass dieser verantwortlich für seine Insolvenz gewesen sei, nachdem Pirckheimer erfolgreich einen Prozessgegner des Anklägers Hans Schütz vertreten hatte und Schütz nach dem Prozessverlust in Armut verfiel. Einen irgendwie gearteten Vergleich mit der Gegenseite lehnte Pirckheimer ab.

Pirckheimer betrieb sodann mit Nachdruck die Verurteilung des Schütz wegen Verleumdung, dieser wurde dann auch tatsächlich in Abwesenheit verurteilt, „dass er vier Monate lang auf einem Turm in einer versperrten Kammer mit dem Leib sein und bleiben sollte, doch mag er zwei Monate mit Geld ablösen". Weiterhin durfte er Nürnberger Gebiet nicht mehr betreten. Auch den Widersacher Anton Tetzel ereilte ein ähnliches Schicksal, dieser wurde wegen Bestechlichkeit und Preisgabe von Ratsgeheimnissen am 15. November 1514 festgenommen und verurteilt. Er verstarb kurze Zeit später in der Haft. Einen der erhobenen Anklagepunkte überging Pirckheimer in seiner Verteidigungsrede schweigend, auch der Rat ließ sich darauf nicht ein: In seinem Rundumschlag warf Schütz Pirckheimer vor, dass er auch noch ein „frommer Frauen und Jungfrauen schwerer, merklicher Ehrabschneider" wäre und sich „viel böser sündlicher Taten berühmed habe".

In der Zeit des Rückzugs von der Ratstätigkeit zwischen den Jahren 1502 und 1505 kümmerte sich Pirckheimer um seine Familie und die Erziehung der Kinder, aber auch seiner Neffen. Drei der Töchter gingen, der Familientradition folgend, ins Kloster. Im Jahr 1513 trat die 15-jährige Katharina ins Nürnberger Klarakloster ein und folgte dem Vorbild ihrer Tante, der Äbtissin Caritas. Im selben Jahr trat auch noch die 13-jährige Crescentia in das gleiche Kloster ein. Im Jahr 1517 ging die jüngste Tochter Caritas ins Benediktinerinnenkloster Bergen bei Neuburg an der Donau. Hier befanden sich bereits zwei ihrer Tanten, die Schwestern Sabina und Eufenia Pirckheimer. Der Vater unterstützte seine Töchter durch Geldleistungen aber auch durch Zusendung vieler täglicher Gebrauchsgegenstände wie Kleidung und Süßigkeiten. Jede Tochter erhielt die erhebliche Summe von 1000 Gulden Mitgift und ein regelmäßiges jährliches Kostgeld. Pirckheimers Schwester Caritas wurde im Dezember 1503 zur Äbtissin des Klaraklosters in Nürnberg gewählt. Mit ihr und der 13 Jahre jüngeren Schwester Klara, die sich im gleichen Kloster befand, hielt Pirckheimer einen lebenslangen, vertrauten und familiären Briefkontakt aufrecht. Dies galt auch für zwei weitere Schwestern, die den Schleier nahmen: Katharina war Benediktinerin im Kloster Geisenfeld bei Pfarrkirchen, Walburga ging ins Klarakloster am Anger in München. Mit all seinen Schwestern und Töchtern war er durch ständigen Briefverkehr, der sich größtenteils in den Pirckheimer-Papieren erhalten hat, aufs Engste verbunden. Seine Tochter Barbara heiratete den Kaufmann Hans Straub. Tochter und Schwiegersohn waren eng in das familiäre Leben am Hauptmarkt eingebunden. Die Ehe blieb kinderlos. Die Tochter Felicitas heiratete im Jahr 1515 den Patrizier Hans Imhoff, nach dessen Tod im Jahr 1526 Hans Kleeberger, der aber bereits einen Tag nach der wohl aufgezwungenen Hochzeit seine Frau verließ und nach Lyon zog. Dort machte er als Kaufmann Karriere, er ist als „le bon Allemand" (der gute Deutsche) in Erinnerung, ihm wurde sogar ein Denkmal gesetzt.

Pirckheimer selber heiratete nach dem Tod seiner Frau nicht mehr. Dies hinderte ihn nicht daran, ausgiebige weibliche Bekanntschaften zu pflegen. Er hinterließ einen unehelichen Sohn, Sebastian genannt, dessen Mutter als des „Grätzen Maid" bezeichnet wurde. In seinem Testament setzte er ihm 140 Gulden als Vermächtnis aus. Näheren – wohl durchaus ehrenhaften – Umgang hatte Pirckheimer mit den Nachbarinnen Anna Porst und Ursula Kramer.

*Pirckheimers Tochter Barbara mit ihrem Ehemann Hans Straub. (Öl auf Lindenholz von Hans Plattner)*

Viele Brieffreunde Pirckheimers wie Lorenz Beheim, Konrad Celtis und auch Albrecht Dürer lassen beide Damen in verschiedenen Zuschriften freundschaftlich grüßen. Anna Porst war die Schwester seines Freundes Lorenz Beheim, der als Kanonikus in Bamberg lebte. So beendete der ehemalige Festungsbaumeister Lorenz Beheim einen Brief an seinen Freund Pirckheimer mit: „Grüß mir deine und meine Porstin".

Nicht noch einmal verheiratet zu sein und trotzdem Umgang mit Damen aus der besseren Gesellschaft zu pflegen, war das ein oder andere Mal Anlass für seine sittenstrenge Schwester Caritas ihren Bruder darüber brieflich Vorhaltungen zu machen. Dies konnte aber der geschwisterlichen Verbundenheit nicht wirklich etwas anhaben. Weiter belegt sind Beziehungen zur Nachbarin Ursula Kramer, um deren Rechtsangelegenheiten sich Pirckheimer kümmerte und die offensichtlich auch im Haus am Herrenmarkt ein- und aus ging. In späterer Zeit kümmerte sie sich offensichtlich auch um den Haushalt des Willibald Pirckheimer. Heiraten aber wollten wohl beide nicht mehr. Zur damaligen Zeit war es üblich, grobe Scherze zu machen, die von den Adressaten allgemein nicht allzu krumm genommen wurden. Man spricht sogar vom Zeitalter des literarischen Grobianismus. So neckte Dürer seinen Freund Pirckheimer des Öfteren mit seinen angeblichen vielen Frauenbekanntschaften. Unter anderem schrieb er einmal aus Venedig: *„Lieber, ich wollt gern wissen, ob euch keine Buhlschaft gestorben wär, hier beim Wasser oder sonst wo".*

Dürer malte in den Brief eine Rose, einen Hund und einen Pinsel, letzterer wohl das Symbol für Anna Porst.

### Dürers Brief aus Venedig vom 7. Februar 1506

*Ich wollt, daß ihr hier zu Venedig wäret, es sind so viel artige Gesellen unter den Welschen, die sich je länger je mehr zu mir gesellen, daß es einem am Herzen sanft sollt tun: vernünftig, gelehrt, gute Lautenschläger, Pfeiffer, verständig im Gemälde und viel edle Gemüter, recht tugendhafte Leute, und tun mir viel Ehre und Freundschaft. Dagegen finden sich auch die untreu´sten, verlogenen, diebischen Bösewichte, da ich glaub´, daß sie auf Erden nicht leben. Und wenn es einer nicht wüßte, so gedächte er, es wären die artigsten Leute, die auf Erden wären. Ich muß ihrer ja selber lachen, wenn sie mit mir reden. Sie wissen, daß man solche Bosheit von ihnen weiß, aber sie fragen nichts danach. Ich hab´ viel gute Freunde unter den Welschen, die mich warnen, daß ich mit ihren Malern nicht esse und trinke. Auch sind mir ihrer viele Feind und machen mein Ding (Zeichnungen und Gemälden) in Kirchen ab und wo sie es bekommen können. Nachher schelten sie es und sagen, es sei nicht antikischer Art, darum sei es nicht gut.*

*Aber Giovanni Bellini der hatte mich vor vielen Edelleuten sehr gelobt. Er wollte gerne etwas von mir haben und ist selber zu mir gekommen und hat mich gebeten, ich sollt ihm etwas machen, er wolle es wohl zahlen. Und sagen mir die Leute alle, wie es ein so frommer Mann* sei, daß ich ihm gleich günstig bin. Er ist sehr alt und ist noch der beste im Gemälde.

*Ich wollt gerne wissen ob euch keine Buhlschaft gestorben wäre, etwa schier beim Wasser (die am Fluß wohnt), oder etwa solches oder solche Madle, auf daß ihr eine andere an der selben Statt bräuchtet. (...)*

Dürers Brief aus Venedig vom 8. September 1506.

# DIE SCHWESTER CARITAS PIRCKHEIMER

Unter den gebildeten Frauen der frühen Neuzeit nahm Pirckheimers ältere Schwester Caritas Pirckheimer eine besondere Stellung ein. Die geschwisterliche Liebe hielt bis zum Tode des manchmal etwas nörglerischen Bruders an. Dieser sorgt sich stets um seine Schwester und nennt sie in seinen Briefen „geliebteste Schwester" und „zweite Hälfte meiner Seele".

Mit seiner Schwester Caritas, der Äbtissin von St. Klara, hatte Pirckheimer ein besonders inniges Verhältnis. (Kupferstich um 1670)

Vor allem schätzte er ihre umfassende humanistische Bildung. Auch wenn es Caritas von den Franziskaneroberen zeitweise verboten wurde, lateinisch zu schreiben, ließ sie sich hiervon nicht abbringen. Sie wurde am 20. Dezember 1503 zur Äbtissin des Klaraklosters in Nürnberg gewählt, dies blieb sie bis zu ihrem Tod am 19. August 1532. Sie kümmerte sich insbesondere um den Ausbau der Bibliothek und um bauliche Erweiterungen des Klosters. In all diesen Belangen ließ sie sich von Willibald immer wieder gerne beraten. Dieser widmete ihr auch einige Bücher – Caritas selber schrieb die Klostergeschichte auf und verfasste eigene Denkwürdigkeiten. Sie schrieb an ihren Bruder: „ich hab allezeit Anfechtung gehabt in der Welt, aber in keiner Statt auf Erden möchte ich lieber sein denn in deiner Bücherei." Die Geschwister einte eine große Liebe zur Wissenschaft und zu den Büchern, beide tauschten sich über die theologischen Neuerscheinungen am Büchermarkt aus. In den Wirren der Reformation setzte sich Pirckheimer für den Erhalt des Klaraklosters ein, er verfasste eine Schutzschrift gegen die Bilderstürmerei und für religiöse Toleranz, die Caritas auch in ihren „Denkwürdigkeiten" veröffentlicht hat. Auch vermittelt Pirckheimer durch den Einsatz des Reformators Philipp Melanchthon ein moderates Vorgehen der Stadoberen gegen die Klostereinrichtungen und deren Insassen, die schließlich vor dem Bildersturm bewahrt blieben. Intellekt und die Person der Caritas Pirckheimer muss eine große Anziehungskraft auch auf die Humanistenfreunde des Willibald Pirckheimer ausgeübt haben. Der Erzhumanist Konrad Celtis, der durch Kaiser Friedrich III. Im Jahr 1487 zum Poeta Laureatus gekrönt wurde, widmete Caritas Pirckheimer um Ostern 1502 die von ihm aufgefundenen und veröffentlichten Werke der Roswitha von Gandersheim. Damit nicht genug, er schickte ihr weiter seine vier „Libri Amorum", durchaus weltliche Liebesgedichte mit einem angehängten Lob der Stadt Nürnberg, das Ganze begleitet mit einem Widmungsgedicht für Caritas. Die Äbtissin bedankt sich höflich bei Celtis für die Sendung der Liebesgedichte, weist aber streng darauf hin, dass für sie als Klosterfrau nur die Liebe zu Christus infrage kommt. Eine lebenslange Brieffreundschaft verband sie mit dem Patrizier und Probst von St. Lorenz, Sixtus Tucher, die ein einzigartiges Zeugnis der humanistischen Bildung, aber auch der persönlichen Freundschaft und Zuneigung darstellt.

Tucher weiß, dass er Caritas nicht persönlich sehen und treffen kann, er schreibt selber von einer „Freundschaft mehr des Geistes, denn des Fleisches". Eine Freundschaft, die durchaus platonischen Idealen folgt. Gleichwohl kümmert sich Sixtus Tucher auch um das Wohlergehen der acht Jahre jüngeren Äbtissin. Er ist besorgt, wenn es ihr gesundheitlich schlecht geht, rät ihr etwas gesundes zu essen und schreibt „ich begehr das du Gesund sein sollst". Caritas bewahrte alle seine Briefe auf.

Auch der führende Intellektuelle und Humanist der damaligen Zeit, Erasmus von Rotterdam wird nicht nur auf Willibald Pirckheimer, sondern auch auf seine gebildete Schwester aufmerksam. In seinen 1518 verfassten „Colloquia familiaria" rühmt Erasmus von Rotterdam die Nürnberger Äbtissin gleichwertig neben den Frauen aus dem Hause des englischen Humanisten und Kanzlers Thomas Morus, dem Verfasser des Staatsromans „Utopia". Er schreibt, dass gebildete Frauen in ganz Europa die Bewunderung der geistigen Elite auf sich ziehen: *„In Spanien und Italien gibt es nicht wenige sehr vornehme Frauen, die es mit jedem Mann aufzunehmen vermögen. In England gibt es solche im Haus des Thomas Morus, in Deutschland in den Familien Pirckheimer und Blarer."*

Der Romanfigur Magdalia legt er folgende Worte in den Mund: *„Wenn ihr nicht auf der Hut seid, so wird es noch so weit kommen, dass wir in den theologischen Schulen den Vorsitz führen, in den Kirchen predigen und eure Mitren in Beschlag nehmen."*

Eine kurze Charakterisierung der berühmten Äbtissin ist im sogenannten Äbtissinnenkatalog des Klaraklosters in Nürnberg wie folgt erhalten: „Eine Frau, der lateinischen Sprache sehr kundig und wohl beredt, da sie viele lateinische Briefe geschrieben hat, die noch erhalten sind, ward zur Äbtissin erwählt 1503, ist dem Kloster vorgestanden 29 Jahre und starb anno 1532 ihres Alters 66 Jahre. Sie hatte eine herrliche Bibliotecam."

## Widmungsbrief an Caritas über den Wert der Philosophie zu Plutarchs „Von der späten Rache Gottes", 1511

*Geliebteste Charitas! Nicht allein deshalb bist Du mir teuer, weil Du meine leibliche Schwester, von denselben Eltern entsprossen, durch das innige Band der Natur und des Blutes mir verbunden bist, sondern auch, weil Du neben Deinem Lebensberuf den Studien Dich hingibst und ein besonderes Verlangen nach den schönen Wissenschaften trägst. Unserer Familie ist außer Ehrenstellungen und Reichtümern, deren sie längst schon genoß, durch die göttliche Gnade das herrlich schöne Los geworden, daß sie in einer langen Reihe nicht nur mit sehr gebildeten und durchaus frommgesinnten Männern geziert, sondern auch mit tugendreichen und ausnehmend gelehrten Frauen geschmückt war. Denn um das männliche Geschlecht und Ältere zu übergehen, was sah diese Stadt Gebildeteres, Gelehrteres und Vollkommeneres, als unsere Großtante (Katharina Pirckheimer, Tochter Franz des Älteren, Schwester von Willibalds Großvater Hans), die Du bei Deinen glücklichen Anlagen so trefflich wiedergibst, daß man an der Schülerin das Bild der Meisterin erkennen kann. In manchem überragst Du sie, was jedoch mehr ihr zum Lob als Dir zu gereichen scheint. Es sind dies Güter der wahren Tugend, vorzüglicher als alle vergänglichen Titel, mächtiger als Schätze, glänzender als Ehrenstellen, wertvoller als der Adel der Geburt, kurz fester, dauerhafter und beständiger als alle äußerlichen, verrauschenden und vergänglichen Dinge; insofern sie nicht nur die Menschen, die auf dem Meere der Welt umherirren, sicher und ungefährdet zum Hafen der höchsten Glückseligkeit und Unsterblichkeit geleiten, sondern auch in allen menschlichen Drangsalen und Leiden heilsam wirken können. Mit Recht behaupten die Stoiker: es ist Gottes Geschenk, daß wir leben, Geschenk der Philosophie aber, daß wir gut leben. Und in der Tat, was ist dem Menschen Größeres und Vorzüglicheres gegeben? Nicht jene verfängliche sophistische Philosophie meine ich, die wenig oder gar nicht zum guten oder glücklichen Leben hilft, sondern jene, die, wie Cicero sagt, die Seelen heilt, nichtige Sorgen hinwegnimmt, von Leidenschaften befreit und jede Furcht verbannt. Mit dieser also ausgerüstet und bewaffnet, teuerste Schwester, wollen wir alles Ungemach, alle Schmerzen, Anfeindungen und Mühsale geduldig ertragen und insbesondere auch die Beleidigungen Ruchloser großmütig dulden – Du verstehst wohl, was ich meine –, weil die Bösen weder im Leben noch im Tod dem Gerichte Gottes entfliehen können.*

## HUMANISMUS IN NÜRNBERG

Pirckheimer nutzte die Zeit seiner Abwesenheit aus dem Rat auch dazu, Bücher zu sammeln, erste Übersetzungen vom Griechischen ins Lateinische anzufertigen und seine schriftstellerische Tätigkeit auszuweiten. Im Jahr 1504 schrieb er, dass er alle griechischen Bücher besitzt, die bei Aldus Manutius in Venedig gedruckt wurden. Er sucht in Klosterbibliotheken wie Tegernsee und Bamberg nach griechischen Texten der Antike und der frühchristlichen Kirchenväter. Lorenz Beheim berichtete ihm aus der Dombibliothek zu Bamberg, dass er nur ein einziges schwer lesbares griechisches Buch gefunden habe. Auch dieses erbat sich Pirckheimer vom Bamberger Kanonikus.

Im handschriftlichen Nachlass findet sich eine Bücherliste aus dem Kloster Tegernsee. Sein Nachfahre Hans VII. Imhof beschreibt in der „Tugendbüchlein" genannten Biografie des berühmten Ahnherrn, dessen Bücherleidenschaft wie folgt:

*„In massen er dann (in griechischer Sprache) die besten Autores und editiones in allen Facultäten und Künsten ihm verschaffet, daran kein Geld noch Mühe gesparet, sondern so bald ein schön und gut Buch in Welschland, zu Rom, zu Venedig, zu Mantua, zu Florenz, zu Meyland oder anderer Orten, gedruckt war, musste ers auch haben, es kostet gleich was es wollte, wie dann dieselbigen Edition und Trück damals in hohem werth und preeß waren, und noch jetzt, wo mans haben kan, für einen Schatz aufgehebt werden, sonderlich was Aldus Manutius gedruckt hat, welcher billich eine Cron aller Buchdruckereyen mag genennet werden. Solche herrliche Bücher kauffet er H. Pirckheymer jhme mit hauffen, nit um prangens willen, oder zum schein, damit er für hochgelehrt angesehen würde, sondern zum nutz, und daß er, also zu reden, tag und nacht in selbigen wohnete, in massen dann noch vor augen, wie fleißig er darinnen gelesen, und ihm darauß Excerpta gemachet, auch sonsten hin und wider, was er merckliches unnd denkwürdiges darinnen gefunden darbey verzeichnet. Er hat auch an gedruckten Büchern sich nicht ersettigen lassen, sondern mit gleichem Fleiss nach manuscriptis, wo er die gewist auffzutreiben gestrebet: welche zur selbigen Zeit in Privatpersonen Bibliotheken seltzam, und, sozusagen Wildpret waren ..."*

Aber auch gegenüber Freunden und Verwandten berichtet Pirckheimer unablässig von seiner Suche nach seltenen Büchern. Erhalten ist ein Brief aus dem Jahr 1519 an seine Schwester Caritas, in dem er ausführlich über seine Jagd nach einer seltenen Fulgentiusausgabe schildert.

### Brief an Caritas Pirckheimer vom 10. Januar 1519

*Als ich in den zurückliegenden Jahren in der Eigenschaft eines Gesandten unseres Freistaates zu dem in unsterblichem Ruhme fortlebenden Kaiser Maximilian nach Niederdeutschland reiste und auf diesem Weg nach Würzburg kam, besuchte und grüßte ich auch den Johannes Trithemius, den gewesenen Abt von Spanheim, meinen alten Freund. Ich wurde von ihm auf das herzlichste empfangen und nachdem wir, wie es zu geschehen pflegt, über unsere Studien vieles hin und her gesprochen, fiel die Rede auf jene sehr alten Handschriften, an welchen diese Stadt besonders reich war, indem man allenthalben aus Klöstern, selbst von Oberdeutschland her, solche zusammengeschleppt hatte. Ich munterte den Mann auf zum gemeinsamen Vorteil der Freunde der Wissenschaften, dieselben doch einst dem Publikum mitteilen zu wollen, besonders solche Handschriften, die als verloren, aber doch nicht als vernichtet galten. Jener gab mir darüber sehr zuvorkommend die Zusicherung, daß er dies tun wolle. Allein es dauerte nicht lange, so überraschte ihn der neidische Tod; der brachte alles wieder ins Stocken und verhinderte, daß manche herrlichen griechischen sowohl als lateinischen Bücher herausgegeben werden konnten, nicht ohne wesentlichen Schaden für die Literatur und sämtliche gelehrte Welt. Allein auch nachdem ein so großer Mann wie jener dieser Sache entzogen wurde, trachtete ich aus allen Kräften dahin, daß das was er im Leben nicht mehr vollbringen konnte, wenigstens nach seinem Tode ins Werk gesetzt würde. Lange trachtete ich jedoch vergebens, denn sein gesamter literarischer Nachlaß war verschwunden so daß nicht einmal eine Spur davon mehr übrig zu sein schien. Endlich, nachdem ich bereits alle Hoffnung aufgegeben, kam mir doch wenigstens ein Buch in die Hände von seltenem Alter und in beinahe unlesbaren Buchstaben geschrieben. Beim Ersten Anblick ward ich durch das ehrwürdige Alter desselben so ergriffen, daß ich glaubte ich hätte den kostbarsten Schatz gefunden. Doch bald geriet ich in keine kleine Verlegenheit, da ich beinahe nicht ein einziges Wort herausbringen konnte, aus so uralter und längst verschollener Zeit stammten jene Buchstaben. Ich war somit genötigt, ganz frisch wieder in die Schule zu gehen und das Abc zu lernen. Ich begann damit jene Schrift genauer zu betrachten, die Buchstaben voneinander zu unterscheiden, hierauf wiederum in Zusammenhang zu bringen und abermals sie zu trennen. Endlich brachte ich heraus, daß das Buch die Schriften des heiligen Fulgentius enthielt. Sobald ich nur konnte, rief ich unsern Koberger zu mir und munterte ihn auf, zum allgemeinen Nutz und Frommen dieses Buch verlegen zu wollen. Derselbe, wie er denn ein äußerst humaner Mann ist, erklärte dies ohne Anstand zu tun und keine Kosten sparen zu wollen. Allein nunmehr stellte sich meinem Lieblingswunsch eine andere Schwierigkeit entgegen, welche denselben zu vereiteln drohte. Der Eigentümer des Buches erklärte, daß ihm solches nicht feil sei. Wir, die wir darauf nicht eben viel achteten, baten zum mindesten uns zu erlauben, daß wir davon eine Abschrift für uns nehmen dürften. Alles vergebens. Wir griffen demnach den Menschen, der nun schon aufmerksam geworden war, auf andere Weise an und brachten steigernd die Sache nach und nach dahin, daß wir unseres Wunsches nicht so sehr durch Bitten als durch ein hohes Angebot teilhaftig wurden, und zwar um ein solches, zu dem wohl schwerlich ein anderer sich verstehen oder um die er mehrere Bücher zugleich gekauft haben würde. Überdies wurde von dem Menschen noch die Bedingung beigesetzt, daß der Codex ihm nach gemachten Gebrauch zurückgestellt werden sollte und hierfür mußte man ihm eine Urkunde und versiegelte Quittung ausfertigen. Wir hatten den Codex kaum erhalten, als sich schon wieder ein neues Hindernis einstellte. Ohngeachtet wir mehrere Schreiber angestellt, so fand sich doch von allen keiner, der es auf seine Gefahr übernommen hätte eine Abschrift zu besorgen. So sehr schien ihnen die Sache nicht nur schwierig, sondern selbst verzweifelt und es half nichts, daß ich mich anheischig machte, die oberste Leitung (des Kopiergeschäftes) selbst zu übernehmen und, wo es nötig würde, in das tiefe Dunkel Licht zu bringen. So steckten wir mittlerweile in der Klemme.*

*Da führte eine glückliche Fügung gerade unsern Johann Chochläus, jenen durch Geist und Gelehrsamkeit so ausgezeichneten Mann uns herbei, welcher eben aus Italien zurückgekommen war, wo er nach saurem Schweiß und großen Anstrengungen die Würde eines Doktors der Theologie erhalten hatte. Anfänglich war er nach Frankfurt geeilt wo er als Dekan bei der hl. Jungfrau angestellt wurde. Allein die Pest, welche daselbst wütete, zwang ihn zur Flucht. Ihn nun gingen wir gleichfalls an, dies Geschäft doch übernehmen zu wollen und wir erreichten ihn endlich in der Tat, daß er es, wie Du selbst ersehen magst, auf das kritischste vollendete. Diese Schicksale des Buches, geliebte Schwester, habe ich vielleicht in einem längeren Faden, als sich gebührte, ausgesponnen. Allein ich tat es absichtlich, damit Du erkennst, mit wie viel Schwierigkeiten und mit welchen Kosten die Schriften jenes hochheiligen aus dem Dunkel der Vergangenheit und dem staubigen Kerker entrissen wurden: es war Fulgentius, damit war auch noch dieses anzuführen, ein Afrikaner von Geburt und zu Karthago heimisch.*

*Nürnberg, am 10. Januar im Jahre unseres Heils 1519*

Pirckheimer belässt es nicht beim Bücherschreiben, er versucht sich auch selber in literarischen Übungen. Im Geiste seines antiken Vorbildes, des Spötters Lukian verfasst er unter anderem einen Abgesang auf den mittelalterlichen Minnesang. Er persifliert den Stil der hohen Minne und verlegt den Liebesgesang in den jedenfalls damals nicht sonderlich angesehenen Nürnberger Vorort Gostenhof, hier lässt er seinen holprigen Versdichter eine „holdselige Bauernbraut" besingen.

## Minnegedicht, ca. 1504

*Ich hab gehort dick und fil,*
*Das der edelen liebe spil*
*Halt in sich süß und pitirkeyt,*
*Heut lieb und morgen herzenleyt,*
*Itz traurig und dann fro*
*Denn sust und danarch so;*
*Das hat pisher mich nit fil geirt,*
*Dann alleyn die sau kirt,*
*Die gehalten wirt von den hunden.*
*Mir haben ander leut wunden*
*Pisher nit we gethon,*
*Darumb hab ichs geschehen lon,*
*Was iederman gesprochen hat.*
*Es kombt mir leyder not zu spät,*
*Sonder gar zu frue,*
*Meyn anfechtung und auch mue,*
*Der ich pin itzund fol [voll].*
*Seyt ich die warheyt sagen soll,*
*So geschicht es von den schulden meyn,*
*Das ich so hertzlich schmertz und peyn*
*An meynem hertzen trag,*
*Darumb ich ander leut clag*
*Itz dester pas gelaub.*
*(...)*

*Nun wolan, frau, Ir habt recht,*
*Ir habt mich fur eyn pauernknecht*
*Vileycht alspald ersehen,*
*Ich mus es lassen geschehen.*
*Soll ich dan also urlab haben,*
*So mus ich je meyn leyd vor clagen,*
*Das ich der lieben huld*
*Verleur am [ohne] all meyn schuld*
*(...)*

*Denn we wolt achten meyn?*
*Meyn hubscheyt, die ist kleyn,*
*Darzu pin ich so holtselig nit;*
*Wenn ich schon eyn andre pit,*
*So achtet doch gantz niemant meyn.*
*Darumb will ich meyn clagen lassen,*
*Zum teyl und doch nit gar.*
*Es ist lecht dennoch war:*
*Ich het zum Gostenhov musen weleyben*
*Daselbst die seu austreyben,*
*(...)*

*Doch scheynt die sunn gar gleych*
*Auf arm und auch reych,*
*Auf kudreck und auf rosen.*

*Ich mus mich lecht der prosen [Brosamen]*
*Wehelfen, so man wurfet hin.*
*Ob ich schon nit hubsch pin,*
*Wie ist im dann, ich pin lecht wert;*
*Wer weys, vileycht man meyn wegert*
*Sn orten, da auch sind*
*Junckfrauen, frauen und hubsch gesind.*
*Ob ich schon nit kann glocken leuten,*
*Sy weyß wol, was ich hiermit willl wedeuten*
*Ich pin keyn meßner gewesen nit,*
*Leuten vil ist narren sit;*
*Soch ist furwitz mancherley.*
*Wer das nit, so wer auch enzwey*
*Meyn freud und wunn auf erden.*
*Ich weyß wol, das ich lieb kann werden*
*Keyner frauen von der schone meyn,*
*Man drinck je pier fur weyn*
*Und hat auch lieb zu mancher stund*
*Die heßllichen zoteten ungeschaffen hund*
*Fur die kleynen huntleyn.*
*Also ist vileycht dein liebe meyn,*
*Wiewol es ser wekumert mich*
*Noch so ich merck und sich ,*

*Das ichs nit wenden mag,*
*So mus ich schmertz und clag*
*Zum theyl dem gluck ergeben*
*Und nit alweg in trauren leben.*
*Darumb, so will ich nit verzagen,*
*Meyn leyden will ich dultiglich tragen.*
*(...)*

*Das ich lenger deyn diener sey,*
*So wird ich alles clagens frey.*
*Alleyn mach mirs so sauer nit;*
*Aber es ist lecht der liebe sit,*
*Das sy gezanckt will haben.*
*Du magst mich darnach wol wider laben,*
*Mit deyner sußen weyplichen gut*
*Erfreuen mir meyn hertz und gemut.*
*Dann ich dir wol fur war sag:*
*Verleurst du mich, du vindst keyn tag*
*Keyn treuer mensch auf erden.*
*Erst wirt dir ant und we werden*
*Und dann von hertzen reuen dich,*
*Das du also hast aufgeben mich,*
*(...)*

*So gar an all meyn schuld*
*Ach lieb, aß mich nach deyner huld*
*Noch lenger werben,*
*Oder ich mus vor leyd sterben.*
*Mag es nit anderst seyn,*
*So laß mich doch deyn hausknecht seyn.*
*Ich will dir dienen recht und wol,*
*Wie eyn frumer knecht dienen soll,*
*Mit heytzen, keren und pet mochen,*
*Holtz hacken, wassertragen und anderen sachen.*
*Wild du dann spazirenfaren,*
*So will ich mich auch nit sparen.*
*Zu fuß will ich laufen neben dir,*
*Wo du hin gepeutest mir,*
*Ausgenommen an eyn ort;*
*Du weyst wol, meyn edler hort,*
*Wo ich meyn, da mag ich nit hin,*
*Dann ich nit so gar eyn gauch pin,*
*Das ichs mocht leyden und sehen.*
*Und solt mir halt nimmer gutz geschehen,*
*So mag ich daselbst hin nit*
*Weder durch pet noch aber pit.*

*Wo dich aber nit hertzlich lieb het,*
*Zug ich mit dir an alle stet.*
*Darumb, meyn hort, meyn tockerleyn,*
*Meyn trost, meyn schatz, meyn eynigs eyn,*
*Thu hin als her eyn wenig pas,*
*Du weyst wol, wamit und was,*
*Und laß mir dazu geschehen eyn gut,*
*Darumb soll dir meyn sinn, hertz und mut*
*Alwegen seyn gantz unterthan.*
*(...)*

*Das ist dir gantz su eygen geben,*
*Dann du pist die holtselig, die traut,*
*Meyn auserwelte paurenpraut.*
*Reych mir deynen sußen munt,*
*So wirt meyn hertz vor trauren gesunt,*
*Und schleuß mich in die arme deyn.*
*Und solt es aller welt leyd seyn,*
*So will ich nit seyn feynde dir,*
*Und solst du nimmer holt werden mir.*
*(...)*

Nebenher lernte er Griechisch, sodass er bald nach dem Wiedereintritt in den Rat im Jahr 1505 darangehen konnten, mit wissenschaftlichem Anspruch Übersetzungen vom griechischen Original ins Lateinische und auch Deutsche anzufertigen. Waren dies anfangs noch sogenannte simple Wort-für-Wort-Übersetzungen, gelangen dem Autor später ausgefeilte Formulierungen. Bereits im Jahr 1503 legte Pirckheimer eine Wort-für-Wort-Übersetzung der ersten drei Bücher der Ilias des Homer vor. Konrad Celtis legte diese Version bereits im Wintersemester desselben Jahres seinen Wiener Homer-Vorlesungen zugrunde. Vom Umfang her war der sorgfältige, zumeist in elegantem Latein abgefasste Briefverkehr der bedeutendste Teil der literarischen Leistung. Der Brief war im Zeitalter des Humanismus die literarische Ausdrucksform der europäischen intellektuellen Elite. Die Post verlief erstaunlich reibungslos, sodass viele der Briefe auch erhalten blieben und archiviert werden konnten. Auch Pirckheimer behielt alle Briefe, die an ihn gerichtet wurden, die von ihm gefertigten Briefe sind als Konzepte erhalten; was verloren ging, ist dem Verkauf durch Erben in den folgenden Jahrhunderten zuzuschreiben. Die Briefkultur wird somit zur literarischen Schlüsselform der Frühen Neuzeit. Die Schreiben wurden nicht nur gesammelt, sondern auch kopiert und anderen zum Lesen weitergegeben. Eine Sonderform sind Widmungsepistel, die größeren literarischen Werken vorangestellt sind und häufig einen tagesaktuellen Bezug zum nachfolgenden Werk herstellen. Die Humanisten sahen sich als die neue Bildungselite, die sich die kritische Philosophie der Griechen erschloss und sich deutlich vom Mittelalter absetzte und überhaupt diesen Begriff erfand. Diese Kulturwende zeichnete sich aus durch ein bis dorthin unbekanntes Selbstbewusstsein der Künstler, die als Individuen aus der Sprachlosigkeit der Kunstwerke heraustraten. Nicht alle gingen so weit wie Dürer, der sich 1500 christusgleich selbst malte. Im gespiegelten Bild Dürers wird das Subjekt ebenso sichtbar wie der kritische Text. Der Begriff des Humanismus geht auf Cicero und sein Bildungsprogramm zurück. Humanitas bezeichnet das Menschsein und die Menschlichkeit, Humaniora die Wissenschaften vom Menschen wie Philologie, Geschichtswissenschaften und Rhetorik, gerade nämlich die Ursprünge der heutigen Geisteswissenschaften und ihrer Hilfsgebiete. Der Renaissancephilosoph Giovanni Pico della Mirandola (1463–1494) wollte einen Weltkongress der Philosophen einberufen. Hierzu fertigte er eine programmatische Rede: „De Hominibus Dignitate" (Über die Würde des Menschen). Dieser Gelehrtenkongress kam nicht zustande, es überdauerte aber die Programmschrift, die sich die Freiheit und Einzigartigkeit des Menschen auf die Fahnen schrieb. Mit dem Neffen des Autors, Francisco Pico della Mirandola war Pirckheimer eng befreundet. Reißenden Absatz fanden die Bücher des Marsilius Ficinus, der sich insbesondere als Übersetzer Platons und Plotins hervortat; er war Lehrer an der in Florenz gegründeten Akademie (1459).

Die im Humanismus am weitesten verbreitete philosophische Ausrichtung war der Neuplatonismus. War noch Aristoteles der Philosoph des Mittelalters und der Scholastiker, so entdeckten die modernen Philosophen Platon und dessen Ideen- und Staatslehre neu für sich. In der Zeit der Kulturwende war dem erstarkenden Bildungsbürgertum und der intellektuellen Elite klar, dass Reformen, insbesondere kirchliche Reformen überfällig waren. Luther hat schließlich die theoretischen Ansätze in die Tat umgesetzt. Der Beginn der Neuzeit bedeutet auch eine Abkehr von der mittelalterlichen Scholastik, die sich mit Textauslegung um der Texte willen begnügte, hin zum empirisch fundierten Selbstdenken. Beschleuniger des neuen Denkens war die Buchdruckerkunst und die Möglichkeit, neue Gedanken schnell in Flugblättern zu verbreiten. Natürlich war auch den Humanisten klar, dass sich Lügen ebenso schnell verbreiten lassen wie letzte Wahrheiten. Die spezifisch Nürnberger naturwissenschaftliche Ausrichtung des Humanismus ließ nahezu unweigerlich die Ideen des Platon in den Vordergrund rücken, der die Welt nach mathematischen Mustern gebaut sah. War noch die Scholastik im Wesentlichen geprägt durch Erörtern von Texten, so eröffneten sich jetzt mit dem Blick auf die Natur und deren Zusammenhänge neue Erkenntnisse, im platonischen Sinn ein Blick auf die Ideen hinter den Dingen. Die neue Freude an der Wissenschaft entwickelte in der Literatur und in der Staatstheorie gegenläufige Entwicklungen: Machiavelli schuf mit seinen grundlegenden Werken „Der Fürst" und die „Diskurse" nüchterne Einsichten in die Staatswirklichkeit. Er zeigte auf, wie autoritäre Macht gewonnen und behalten werden konnte, ohne dies näher zu werten.

In den Diskursen allerdings erörterte Machiavelli auch die Notwendigkeiten des Machtgleichgewichts und entwickelte ein Prinzip der frühen Gewaltenteilung durch gegenseitige Kontrolle. Einen anderen Weg ging Thomas Morus mit seinem Staatsroman „Utopia", einer auf Platons „Staat" zurückgehende spekulative und frühkommunistische Gesellschaftstheorie.

Beide Staatstheorien, die Machiavellis und des Thomas Morus sollten für die nachfolgenden Jahrhunderte Gesprächsstoff liefern. Bei Morus bleibt in Erinnerung dessen liberale Auffassung über religiöse Toleranz. Philipp Melanchthon, der für das Nürnberger Gymnasium die Schulordnung entworfen hatte, war seinerseits ein wissenschaflicher Vorkämpfer der Renaissance. Er propagierte die „rinascenta studia", er meinte auf wissenschaftlichem Gebiet dasselbe, was Dürer zeitgleich mit „Wiedererwachsung" der Künste meinte. Das horazische „sapere aude" (wage zu wissen) stellte Melanchthon an den Beginn seiner Vorlesungen. Dies hat der Zeit auch den Ruf einer Frühaufklärung eingebracht. Mit buchstäblich jedem, mit dem Pirckheimer in regen Briefverkehr eintrat, sprach er über Bücher. Er ließ sich Bücher bestellen, forschte nach unbekannten Editionen und vermittelte Kenntnisse über Handschriften.

Mit Erasmus von Rotterdam tauscht Pirckheimer die jeweils neuesten Schriften aus, selbst Luther schickt Pirckheimer seine neuesten Schriften. In die Literaturgeschichte eingegangen ist aber der Briefverkehr Pirckheimers mit dem gekrönten Dichter und Ritter Ulrich von Hutten. Am 25. Oktober 1518 schreibt Ulrich von Hutten an Pirckheimer: „Oh Jahrhundert, oh Wissenschaft! Es ist eine Lust zu leben, wenn auch nicht in der Stille. Die Studien blühen, die Geister regen sich. Barbarei, nimm einen Strick und mach dich auf Verbannung gefasst." Treffend auf den Punkt gebracht schildert Hutten hier das Lebensgefühl der Renaissance und die Entdeckung neuer Wissenschaften und neuer Welten. Selbst Goethe hat diesen Brief geschätzt und in seiner eigenen Autobiografie „Dichtung und Wahrheit" zitiert. Da all dieser Briefverkehr öffentlich war und für eine breite gebildete Öffentlichkeit gemeint war, erschien dieser Brief bereits am 6. November 1518 im Druck.

## Ulrich von Hutten an Pirckheimer, 1518

*Die schönen Künste mögen wieder aufleben, und wir mögen mit Griechen und Lateinern in beiden Sprachen verkehren. Deutschland soll sich mit Kultur bekleiden und die Barbarei verstoßen.*

*(...) Wenn du von meinem Leben, das ich unter dem Fürsten führe, Rechenschaft haben willst, so glaube mir, daß ich mich niemals mehr der Wissenschaft befleißigt habe, denn da mir der Fürst genügend Ruhe dazu gibt. In seiner Güte hat er mir Zeiten völliger Ruhe von den gewöhnlichen Beratschlagungen und der gemeinsamen Beschäftigung mit den Dingen zugestanden. Diese Zeit widme ich den Studien, abgesehen von jener Muse, die mir mit den anderen gemeinsam ist. Daher trage ich eine Bibliothek der besten Autoren mit mir herum. Wo immer ich die Möglichkeit habe, lese ich und schreibe ich manchmal. Oft bin ich inmitten der Menge allein, und es ist auch erlaubt, ganz allein zu sein ... Vergleichst Du meine Lage mit der Deinen? Ihr Bürger lebt in den Städten nicht nur angenehm, sondern auch bequem, wenn es Euch so gefällt. Glaubst Du aber, daß ich jemals unter meinen Rittern Ruhe finden werde, und hast du vergessen, welchen Störungen und Beunruhigungen die Männer unseres Standes ausgesetzt sind? Glaube nicht. Vergleiche nicht Dein Leben mit dem meinen; denn es steht um uns Ritter so, daß mir die Zeit keine Ruhe gönnte, auch wenn ich ein noch so ansehnliches Erbe besäße und von den Einkünften meines Besitzes leben könnte. Man lebt auf dem Felde, im Wald und auf jenen Burgen. Die uns ernähren, sind bettelarme Bauern, denen wir unsere Äcker, Wiesen und Wälder verpachten. Der Erwerb, der daraus eingeht, ist im Verhältnis zur Arbeit, die er kostet, schmal; doch wird alle Mühe*

Ulrich von Hutten stand mit Pirckheimer im regen Briefverkehr. (Holzschnitt von Erhard Schön, um 1522) *angewandt, um ihn reich und ergiebig zu machen, denn wir müssen sorgsame Hausväter sein. Sodann müssen wir uns in den Dienst eines Fürsten stellen, von dem wir Schutz erhoffen dürfen: denn andernfalls glauben alle, sie könnten sich alles gegen mich herausnehmen. Stehe ich aber im Dienste, so ist auch jene Hoffnung wiederum gepaart mit Gefahr und täglicher Furcht. Gehe ich nämlich von Hause fort, so muß ich fürchten, daß ich auf Leute stoße, mit denen der Fürst, einerlei wer er sei, Fehde oder Krieg hat, und mich unter diesem Vorwand anfallen und wegschleppen. Wenn es dann mein Unstern will, so geht die Hälfte meines Erbgutes darauf, mich wieder loszukaufen, und so droht gerade da ein Angriff, wo ich Schutz erhofft hatte. Daher müssen wir uns Pferde und eine Wehr bereithalten und uns mit zahlreicher Begleitung umgeben – wir gehen im Umkreis von zwei Joch nicht ohne Waffen aus. Kein Vorwerk können wir unbewaffnet besuchen; zu Jagd und Fischfang können wir nur in Eisen erscheinen. Außerdem entstehen häufig Streitigkeiten zwischen unseren und fremden Vögten, und es vergeht kein Tag, an dem uns nicht irgendeine Reiberei hinterbracht wird, die wir möglichst vorsichtig beilegen müssen; denn sobald ich etwas eigensinniger mein Recht vertrete oder Unrecht fahnde, entsteht ein Krieg. Aber unter welchen Leuten geschieht dies? Nicht unter Fremden, mein Freund, nein, zwischen Nachbarn, Verwandten und Familienangehörigen, ja, sogar unter Brüdern. Das sind unsere ländlichen Freuden, das ist unsere Muße und Stille! Die Burg selbst, mag sie auf dem Berg oder im Tal liegen, ist nicht gebaut, um schön, sondern um fest zu sein; von Wall und Graben umgeben, innen eng, da sie durch die Stallungen für Vieh und Herden versperrt wird. Daneben liegen die dunklen Kammern, angefüllt mit Geschützen, Schwefel und dem übrigen Zubehör der Waffen und Kriegswerkzeuge. Überall stinkt es nach Pulver, dazu kommen die Hunde mit ihrem Dreck, eine liebliche Angelegenheit, wie sich denken läßt, und ein feiner Duft! Reiter kommen und gehen, unter ihnen sind Räuber, Diebe und Banditen. Denn fast für alle stehen unsere Häuser offen, entweder weil wir nicht wissen können, wer ein jeder ist, oder weil wir nicht weiter danach fragen. Man hört das Blöken der Schafe, das Brüllen der Rinder, das Hundsgebell, das Rufen der Arbeiter auf dem Felde, das Knarren und Rattern von Fuhrwerken und Karren; ja wahrhaftig, auch das Heulen der Wölfe wird im Haus vernehmbar, da der Wald so nahe ist. Der ganze Tag, vom frühen Morgen an, birgt Sorge und Plage, beständige Unruhe und dauernden Betrieb. Die Äcker müssen gepflügt und gegraben werden; man muß eggen, säen, düngen, mähen und dreschen. Es kommt die Ernte und Weinlese. (...)*

*O Jahrhundert, O Wissenschaften! Es ist eine Lust zu leben, wenn auch noch nicht in der Stille. Die Studien blühen, die Geister regen sich, Barbarei, nimm dir einen Strick und mach dich auf Verbannung gefaßt.*

Hutten berichtet Pirckheimer tagesaktuell mit Brief vom 1. Mai 1521 vom Auftreten Luthers auf dem Wormser Reichstag und seine Weigerung, seine Thesen zu widerrufen, wenn ihm die Gründe hierfür nicht durch die heiligen Schriften bewiesen werden können.

Neben seiner eigentlichen Hauptwissenschaft, der Rechtswissenschaft, interessiert Pirckheimer sich weiter für Philologie, Kosmografie und Geografie sowie die Hilfswissenschaften Archäologie und Nummismatik. Seine Übersetzungstätigkeiten ebenso wie sein umfangreich erhaltener Briefverkehr sind wesentliche Dokumente für die Erneuerung der griechischen Antike und deren Umwandlung in neues Wissen. Auch wenn Nürnberg damals nicht über eine Universität verfügte, war es doch das deutsche Zentrum der humanistischen Wissenschaften.

Mit seinen Brieffreunden hielt er engen Austausch über die gerade neu entdeckten Erdteile im Westen. Lorenz Beheim berichtete ihm in einem Brief vom 27. Dezember 1519 über die Entdeckung Mexikos, welches aufgrund seines Goldreichtums ein Glücksfall für das arme Spanien war.

Aufgrund der vielen technischen Erfindungen, die in den Nürnberger Mauern stattfanden, gab es hier auch die größten Schübe für die Entwicklung der Naturwissenschaften, insbesondere der Feinmechanik, aber auch grundlegende geografische Forschungen. Pirckheimers

Übersetzung der „Geographie des Ptolemäus" war seinerzeit berühmt und führte zu einer Erweiterung des Weltbildes, zumal Pirckheimer nicht zögerte, gleich die neu entdeckten Weltteile in die gedruckten Weltkarten mit aufzunehmen.

Im Zusammenhang mit den humanistischen Studien sind einige literarische Schöpfungen Pirckheimers hervorzuheben, die sich insbesondere mit den Geschichtswissenschaften und Archäologie befassen. An erster Stelle zu nennen ist eine kleine Schrift Pirckheimers, die „Germaniae ex variis scriptoribus perbrevi explicatio" (Kleine Beschreibung Deutschlands, eine Art kleiner Reiseführer durch Deutschland). Pirckheimer versucht hier, die von antiken Autoren wie Cäsar und Tacitus übernommenen geografischen Bezeichnungen zu identifizieren und mit den modernen Städte- und Landschaftsbeschreibungen in Einklang zu bringen. Pirckheimer beschreibt hier deutsche Landschaften und ihre Ursprünge, blickt aber auch über den Tellerrand hinaus in osteuropäische Gebiete und erlaubt sich einen Hinweis auf die neu entdeckten amerikanischen Gegenden. Mit Münzkunde befasst er sich in seinem Büchlein „Priscorum numismatum ad Nurenbergensis Monetae valorem facto aestimatio". In diesem Traktat versucht er den Wert antiker Münzen unter Anlehnung an aktuelle Währungen zu schätzen. Dies wird flankiert durch den Versuch einer Geschichte der Stadt Trier und, mit einem Blick in den Orient, ein paar Skizzen zur Geschichte Ägyptens.

Pirckheimers Übersetzung der „Geographie des Ptolemäus" war seinerzeit berühmt und führte zu einer Erweiterung des Weltbildes.

## PIRCKHEIMER UND DÜRER

Eine nur noch der Dichterfreundschaft zwischen Goethe und Schiller vergleichbare lebenslange Künstlerfreundschaft entwickelte sich zwischen dem Patrizier und Humanisten Willibald Pirckheimer und dem Malerfürsten und Universalgenie Albrecht Dürer. Bei einem Spaziergang durch das heutige Nürnberg fallen zwei Kunstwerke auf, die die Erinnerung an die Freundschaft zwischen Dürer und Pirckheimer aufrechterhalten. Auf dem Maxplatz steht der 1821 durch Carl Alexander Heideloff errichtete Freundschaftsbrunnen, der Dürer und Pirckheimer in großen Medaillen sozusagen auf Augenhöhe zeigt; in der Sebalduskirche findet sich ein großes Tafelbild des Hans Imhoff, der dieses Gemälde um 1628 in Auftrag gab. Wahrscheinlich durch Jörg Gärtner den Älteren wurden hier die Vorfahren des Hans Imhoff, Crescentia und Willibald Pirckheimer zusammen mit deren Freund Albrecht Dürer abgebildet.

Dürers Malkunst ist singulär und prägt die deutsche Malerei bis heute. Dürer wird schon zu Lebzeiten zum Star des Kunstbetriebs. Sein Monogramm AD war die erste Marke mit Weltgeltung. Er konnte nicht nur von seiner Kunst leben, sondern verdiente hier als erster großer

Künstler ein stattliches Vermögen. Dürer bildete den neuen Typus des Künstlers und Genies ab. Tatsächlich war er aber unter größtmöglicher handwerklicher Präzision lebenslang auf der Suche nach der Darstellung der Schönheit und der Wahrhaftigkeit. Das theoretische Fundament hierzu fand er in den Büchern seines Freundes Willibald Pirckheimer, der ihm unter anderem Vitruvs Architekturlehre überließ. Die geradezu unglaubliche Qualität, die Dürer in seinen Stichen und Gemälden liefert, gründet auf einer tiefen wissenschaftlichen Durchdringung der Malereikunst. Von Dürer ist der Spruch überliefert: „Denn wahrhaftig steckt die Kunst in der Natur – wer sie heraus kann reißen, der hat sie." Dürer versucht mit seiner Kunst die Malerei so zu entwickeln, dass es schlicht nicht mehr besser zu machen ist, er strebt nach einer allgemein gültigen Aussage der Kunst, die Natur und Landschaft in größtmöglicher Präzision, aber auch ein Psychogramm des porträtierten Menschen darstellen zu können. Seine großen kunsttheoretischen Werke hat Dürer alle Pirckheimer gewidmet und mit diesem zusammen die Texte entwickelt. Die Zusammenarbeit war so intensiv, dass zum Teil im Manuskript Dürers auch Handschriften Pirckheimers enthalten sind. In der „Unterweisung in der Messung", 1525 in Nürnberg erschienen, schildert Dürer in seiner

Gärtneraltar in der Sebalduskirche mit Darstellungen Albrecht Dürers und von Crescentia und Willibald Pirckheimer.

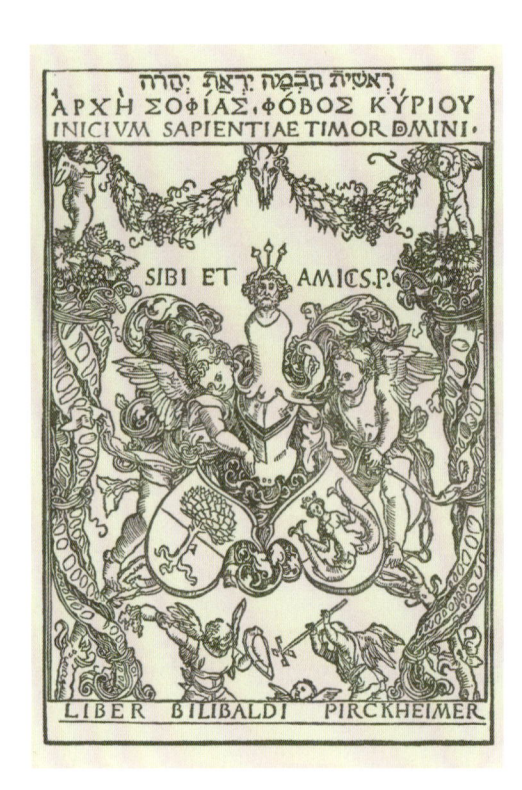

Albrecht Dürer entwarf für seinen Freund Pirckheimer unter anderem dieses Exlibris.

Widmung an Pirckheimer seine Vorstellung, wonach jede Malkunst einer wissenschaftlichen Basis bedarf. So ist die Unterweisung der Messung ein Lehrbuch der darstellenden Geometrie. 1527 folgt angesichts der Türkengefahr Dürers Befestigungslehre mit dem Titel: „Etliche Unterricht zu Befestigung der Städte, Schloss und Flecken, Nürnberg". Dürer befasst sich hier intensiv mit der Waffen- und Befestigungstechnik, nicht ohne auch hier die ideale Stadt abzubilden. Kurz nach dem Tode Dürers kam schließlich am 31. Oktober 1528 die Proportionslehre heraus, die als Ziel die Darstellung einer idealtypischen Schönheit hat, gemessen an den aus der Antike überlieferten Proportionen menschlicher Körper und der Natur. In dem hier enthaltenen „ästhetischen Exkurs" erläutert Dürer die beiden Grundpositionen seiner Schöpfungsidee: Gott auf der einen Seite und auf der anderen Seite die durch den Menschen nachgestaltbare absolute Schönheit. Den ideengeschichtlichen Hintergrund hat sich Dürer in intensiven Diskussionen mit Pirckheimer erarbeitet.

In einem Widmungsentwurf zur Proportionslehre nimmt er Bezug auf die Zusammenarbeit der beiden Freunde: *„Nachdem es sich zwischen uns mehrmals zugetragen hat, dass wir auf allerlei Künste zu sprechen kamen, und ich fragte, ob denn auch Bücher vorhanden waren, die die Gestalt der menschlichen Gliedmaße zu machen lehrten, vernahm ich von euch, es hätte sie gegeben, sie seien aber nicht mehr vorhanden. Daraufhin bin ich noch einmal in mich gegangen und habe für mich selbst bei diesen Kunstfertigkeiten danach gesucht, wie man es machen könnte oder sollte. Da meintet ihr, ich sollte es in Druck geben. Aber ich hatte Sorge, dass es nichts tauge, und darum meinte ich, ich würde nicht ungestraft davonkommen, besonders wenn solche Bücher- also die Werke der Antike gefunden würden, die meine Theorie zunichte machten."*

Hier zeigt sich das intensive Bemühen des Genies um die richtige Darstellung der Wahrheit in der Kunst. Dürer bezeichnet das, was wenig später als Renaissance allgemein tituliert wird, als „Wiedererwachsung" der Antike. Seine Stellung als Künstler untertreibt er eher: So schreibt Dürer aus Venedig an Pirckheimer: „Hier bin ich ein Herr, zuhause ein Schmarotzer. Wie wird mich nach der Sonne frieren."

Die gesamte Kunst Dürers spiegelt sich exemplarisch in seinem Selbstbildnis aus dem Jahr 1500. In einem Epigramm des Konrad Celtis wird Dürer persönlich angesprochen mit der Aufforderung: „Mach dich ans Werk, male unsere Philosophie, die dir alles Wissen der Welt vermittelt."

Dürer malt sich nun selber in christusgleicher Pose mit langen Haaren eines Künstlers, die damals auch schon nicht modern waren und mit fürstlicher Robe angetan. Die Inschrift auf seinem Bild kündet stolz: „Hier habe ich mich als Albrecht Dürer aus Nürnberg in lebensechten Farben im Alter von 28 Jahren gemalt." Es kann durchaus angenommen werden, dass die lateinische Übersetzung des Bildtextes von seinem Freund Willibald Pirckheimer stammt.

Dürer war auch der Darstellung der weiblichen Schönheit sehr zugetan. Die weibliche Entsprechung seiner berühmten christusgleichen Selbstdarstellung ist das sogenannte Bildnis einer jungen Frau mit offenem Haar. Ursprünglich wurde dieses Bild aufgrund einer fehlerhaften Zuschreibung als „die schöne Fürlegerin" bezeichnet, da das Gemälde das,

Dürer malte sich selbst in christusgleicher Pose.

„Bildnis einer Frau, so genannte Fürlegerin mit offenem Haar", von Albrecht Dürer, 1497.

allerdings später zugefügte, Familienwappen der Patrizierfamilie Fürleger trägt. Dargestellt ist in madonnenhafter Askese eine bis heute unbekannte schöne Nürnbergerin mit lang wallendem, braungoldenem Haar. Diese geistige Askese wird gebrochen durch das rote Korallenarmband am linken Handgelenk, welches schon seit jeher und auch in der Dürerzeit ein Symbol für Sinnlichkeit und Erotik war.

Aus vielen Textstellen ist überliefert, dass Dürer selber ein großer Freund weiblicher Schönheit war, zwar äußerte er selbstkritisch: „Was die Schönheit ist, weiß ich nicht." Andererseits ist von ihm auch der Spruch überliefert: „Ich mag nicht in den Himmel, wenn es da keine Weiber gibt.".

Melanchthon, der auch Gast im Hause Pirckheimers war, erinnerte sich später an die Diskussionen zwischen dem Maler und dem Humanisten, bei denen es ab und an hoch herging. Melanchthon diktierte seine Erinnerungen seinem Schwiegersohn Caspar Peucer, der das Zusammentreffen von Künstler und Humanist wie folgt schilderte: *„Zu diesen Zusammenkünften wurde Albrecht Dürer, der Maler und gelehrte Mann, hinzugezogen, wobei Melanchthon ausführte, daß selbst die hervorragendste Malkunst ‚in bezug auf die Wahrheit des Geistes' von nur ganz geringer Wichtigkeit sei. Und über diese Streitfrage kam es oft zu Auseinandersetzungen zwischen Pirckheimer und Dürer. Wenn dabei Dürer in großer Geistesstärke heftig Pirckheimer bekämpfte und jener das von ihm Vorgebrachte ablehnte, so ging er Dürer in geharnischter Rede auf ihn los. Nun erglühte seinerseits Pirckheimer; der war nämlich sehr jähzornig und deshalb der heftigsten Gicht ausgesetzt, und immer wieder brach er in die Worte aus: Nein, das kann nicht gemalt werden! Darauf Dürer: Aber das, wovon du redest, kann auch nicht gesagt, nicht einmal vernünftig gedacht werden! Wir erinnern uns,* *dass Melanchthon dieses oft von jenem Streitgespräch zwischen Pirckheimer und Dürer erzählte. Er erzählte es so, daß er selbst, wie er sagte, ebenso über die Argumentation wie über die Geistesgegenwart des Malers gestaunt habe, der so leidenschaftlich einem solchen Mann Widerstand geleistet habe (...)"*

Pirckheimer und Dürer konnten buchstäblich über alles miteinander reden, arbeiteten an gemeinsamen Projekten, zumeist zum Ruhme des Hauses Habsburg und diskutierten immer wieder über die Darstellung größtmöglicher Schönheit, über Literatur und Transzendenz. Sie hielten dabei eine lebenslange Freundschaft aufrecht, die durch keinerlei Anfeindungen getrübt war. Trotz deutlicher und oft grober Sprache war offensichtlich keiner jemals dem anderen gram.

Schon die Ankunft von Dürer Vater in Nürnberg am 25. Juli 1455 war geprägt durch eine Berührung der Familien Pirckheimer und Dürer. Adiesem Tag heiratete nämlich Philipp Pirckheimer seine Frau Anna oben auf der Burg, zu dieser Zeit kam Dürers Vater, Albrecht Dürer der Ältere, von Ungarn nach Nürnberg hereingewandert, um sich als Goldschmied in der Reichsstadt niederzulassen. Nach den Aufzeichnungen seines Sohnes Albrecht Dürer in der Familienchronik, sah der Vater den großen Tanz unter der Linde, der dort auf der Veste veranstaltet wurde als glückliches Omen für die Berufswahl und die Niederlassung in Nürnberg. Dies sollte sich auch bei seinem Sohn bewahrheiten. Die Überlieferung will weiterhin wissen, dass Albrecht Dürer im Hinterhaus des Pirckheimer'schen Anwesens am damaligen Herrenmarkt zur Welt kam und dort als kleiner Junge bis zum Umzug in die Straße „Unter der Vesten" aufwuchs. Ob sich die beiden Kinder jemals gesehen haben, ist bis heute ungeklärt. Ein erster Kontakt zwischen Dürer und Pirckheimer lässt sich festmachen an der Person des Konrad Celtis, der im Herbst 1501 die Werke der Roswitha von Gandersheim in Nürnberg herausbrachte. Pirckheimer steuerte hierzu ein griechisches Widmungsepigramm bei, Dürer zwei Widmungsholzschnitte.

Dürer war hier bereits ein weltbekannter Künstler, der auf seiner ersten italienischen Reise die modernen Ideen der Renaissance (Dürer nennt sie Wiedererwachsung) aufgefasst und mitgebracht hatte. Er malt sich selber als Individuum, in Frontalansicht, was nie zuvor ein Künstler in dieser Präsenz gewagt hatte. Dürer verwirklicht seine Vorstellungen von antiker Schönheit und vollkommener Harmonie und setzt mit seinen Bildern, aber auch seinen Aquarellen Marksteine der Neuzeit. Nicht mehr schematische Gesichter weisen die Porträtierten auf, sondern mit jedem Porträt liefert Dürer gleichsam ein Psychogramm des Dargestellten. Erasmus von Rotterdam charakterisiert Dürer mit den Worten „Dürer hingegen – obschon er auch in anderer Beziehung zu bewundern ist, was drückt er nicht mit einfarbigen Bildern aus, das heißt mit schwarzen Strichen? Schatten, Licht, Glanz, Erhöhungen, Vertiefungen, Feuer, Lichtstrahlen, Gewitter, Wetterleuchten, alle Gefühle und Empfinden, endlich die ganze Seele des Menschen." Der italienische Kunsthistoriker Vasari wird ein halbes Jahrhundert später in seiner Sammlung von Künstlerbiografien Dürer als einzigen Renaissancemaler nördlich der Alpen erwähnen.

In der gesamten Kunstgeschichte einzigartig sind die zehn erhaltenen Briefe, die Dürer von seiner zweiten Italienreise 1506 an Pirckheimer schickte. Hier scheint ein vertrauter kumpelhafter Ton auf, der Persönliches und allzu Persönliches ebenso umfasst, wie auch wirtschaftliche Tagesinteressen. Dürer schreibt an Pirckheimer in seinem Brief vom 6. Januar 1506, dass er versuche die ihm aufgegebenen Käufe zu tätigen; Pirckheimer, der die Reise wohl finanziert hat, bittet den Freund darum, bestellte Bücher, aber auch Schmuckstücke wie Perlen und Ringe nach Nürnberg zu schicken. Ganz vertraut schreibt Dürer hier aber auch an Pirckheimer: „Ich halt euch nicht anders denn einen Vater." Ein anzüglicher Ton wird angeschlagen sobald Dürer Pirckheimer auf seine Liebschaften in Nürnberg anspricht. Er wirft Pirckheimer vor, dass er so viele Freundinnen habe, dass er im Monat nicht herumkäme, wenn er täglich eine besuchen wolle. An anderer Stelle erkundigt er sich nach dem Wohlergehen seiner zurückgelassenen Frau Agnes Dürer, die sich um den wirtschaftlichen Fortbe-

*Dürers venezianisches Bild „Das Rosenkranzfest"
begründete seinen internationalen Ruhm.*

stand der Malerwerkstatt kümmerte. In einem ordinär-scherzhaften Ton gibt er Pirckheimer auf, seine Frau so richtig heranzunehmen und ihm hinterher zu sagen, wie es die „alte Kroh" denn gerne hätte. Allerdings zeugen diese Briefe auch von der zunehmenden Vertrautheit und dem Selbstbewusstsein des Künstlers, der von der Bewunderung der italienischen Künstlerkollegen spricht, die versuchen, seine Bilder „abzumachen", also zu kopieren, wogegen er sich auch mit rechtlichen Schritten und unter Verwendung seines Markenzeichens AD zur Wehr setzt.

Daneben spannte Kaiser Maximilian (1459–1519) die beiden Humanistenfreunde in sein Propagandawerk zur Verherrlichung des Hauses Habsburg ein. Pirckheimer als Kaiserlicher Rat und Dürer als Genannter des Großen Rates (seit 1509) arbeiteten zusammen an den monumentalen Holzschnitten der Ehrenpforte und am Triumphzug, beides Bildniswerke zur Selbstdarstellung des Kaisers. Pirckheimer lieferte den ideengeschichtlichen Hintergrund. Dürer zeichnete Kaiser Maximilian I. 1518 anlässlich des Augsburger Reichstages. Das Bildnis des Kaisers trägt Dürers Beischrift: „Das ist Kaiser Maximilian. Den habe ich, Albrecht Dürer, zu Augsburg hochoben auf der Pfalz in seinem kleinen Stübchen konterfeit, als man zählte 1518 am Montag nach dem Fest Johannes des Täufers." Beide sind sich persönlich begegnet, wohl auch durch Zutun des Willibald Pirckheimer. Der stets verschuldete und prunksüchtige Kaiser ließ von einem ganzen Künstlerstab die circa dreieinhalb Meter hohe Ehrenpforte anfertigen. Hierbei handelt es sich um einen Riesenholzschnitt zur Verherrlichung des Kaisers und des Hauses Habsburg. Es benötigte 195 Druckstücke, um das gesamte Bild darzustellen. Der stets auf die Verherrlichung des Hauses Habsburg bedachte Kaiser beauftragte Pirckheimer mit der Übersetzung der „Hieroglyphica" des Horapollon, eine altägyptische Symbollehre, die insbesondere wegen ihrer Missdeutungen der Hieroglyphenschrift, die bis dorthin noch nicht entziffert war, sehr schwer zu verstehen war. Dürer illustrierte die lateinische Übersetzung Pirckheimers. Ideen hieraus, wie etwa das Symbol des Basilisken für den König sind in den Triumphwagen mitaufgenommen worden. Pirckheimer steuerte für das Holzschnittwerk des Triumphwagens einen „Ehrenkranz" bei, hierin sind 60 Geisteseigenschaften des Kaisers bildhaft dargestellt. Der kleine Triumphwagen ist hierbei der einzige Beitrag Dürers des gesamten Triumphzuges, der eine Gemeinschaftsarbeit vieler Künstler war. Teile hiervon haben auch als Wandmalereien einige Jahrhunderte im Nürnberger Rathaussaal überlebt.

**Darstellung aus dem Ring- und Fechtbuch.**

Die erste erhaltene Zusammenarbeit zwischen Humanist und Künstler für Kaiser Maximilian findet sich heute in der Wiener Nationalbibliothek. Es ist dies ein Ring- und Fechtbuch für Kaiser Maximilian, welches auf ältere Vorläufer zurückgeht. Dürer lieferte hier circa 200 Abbildungen zur Darstellung und Erlernung von Ring- und Fechtkünsten. Derartige Kampfsporttechniken waren auch in den gehobenen Bürgerschichten beliebte Freizeitbeschäftigungen. Die Textvorlagen hierzu lieferte wieder Willibald Pirckheimer.

Zusammen erfanden sie eine deutsche Wissenschaftssprache, viele Ausdrücke aus dem Lateinischen hatten noch keine deutsche Entsprechung. Der Begriff der Landschaft stammt von den beiden, wobei Pirckheimer ab und an zu

Dürer zeichnete seinen Traum von einer Sintflut.

deutliche Ausdrücke seines Freundes abmildern musste, so wurde dann aus Schwanz Scham und aus Arschbacken der Hintern. Dürer, der sich als gelehrter Maler, pictor doctus, verstand, versah viele Bücher Pirckheimers mit Randzeichnungen und Exlibris.

Beide befassten sich nebenbei mit psychologischen Sachverhalten. So waren Dürer und Pirckheimer die ersten, die eigene Träume als psychische Sachverhalte erkannten und festhielten. In der britischen Bibliothek findet sich eine eigenhändige Niederschrift Pirckheimers vom 25. August 1501, in der er eine Traumvision, die er in der Nacht zuvor hatte, unmittelbar niederschrieb. Er berichtet hier von einem Traum mit seinem jüngst verstorbenen Schwager Hans Rieter, dem älteren Bruder seiner Frau Crescentia. Er nennt seine Skizze „Über den Zustand der Seele nach dem Tod des Leibes". Dürer selbst zeichnet eine Vision eines großen Regens oder einer Sintflut, die er selber erträumt hat. In einem Widmungsbrief zu einer satirischen Lukian-Übersetzung vom 26. Februar 1522 an den Kanzler des Reichsregiments

Ulrich Varnbüler beschreibt Pirckheimer eine Beobachtung eines ritterlichen Turniers auf dem Herrenmarkt, welches er zusammen mit seinem Freund Dürer von einem Fenster seines Hauses aus überblickt. Diese frühneuzeitlichen Ritterschauspiele, die längst nicht mehr mit scharfen Waffen ausgetragen wurden, muss man sich als ähnlichen Auflauf wie heutige Fußballspiele vorstellen. Pirckheimer skizziert hier das Fangeschrei rund um den Hauptmarkt, angestachelt durch Trommeln und alle Arten von Schlachtmusik und einen begeistert zusehenden Dürer, den das Geschehen geradezu mit sich reißt. Pirckhheimer berichtet Ulrich Varnbüler, dass Dürer anlässlich dieses Turniers aus dem Jahr 1522 „wie von einem lieblichen Traum" umsponnen worden sei, er sich der Fantasie hingegeben habe und den Eindruck eines äußerst glücklichen Menschen machte. Unter Bezugnahme auf die hier übersetzte Lukian-Satire stellte Pirckheimer fest, dass Menschen auch durchaus Trugbilder genügen lassen, um glücklich zu werden. Mit seiner Traumdeutung aber kommt Pirckheimer nicht über zeitgenössische theologische Versatzstücke hinaus.

### Pirckheimers Traum, 1501

*Am 25. August im Jahre der Menschenwerdung des Herrn 1501, nach Mitternacht, ist mir während meines Schlafes das Traumbild des Hans Rieter erschienen, meines einstigen, sehr lieben Schwagers, der im vorigen Dezember verstorben ist. Er war jedoch nicht traurig sondern heiter. Als ich ihn, nachdem wir uns umarmt hatten, fragte, was er hier treiben wolle, antwortete er, er sei gekommen, um mich nach langer Zeit zu besuchen. Ich begann ihn also zu fragen, ob er bereits zum Himmel aufgestiegen sei oder ob er noch im Fegfeuer festgehalten werde. Er antwortete, er leide noch im Fegfeuer. Als ich mich nach seiner Schuld erkundigte, sagte er, die Ursache seien Nonnen und bekannte noch eine andere Schuld, die mir entfallen ist. Als ich ihn nach der Lage und dem Ort des Fegfeuers fragte, sagte er, an einem engen Ort werde eine unendliche Zahl an Seelen bestraft und dicht dabei sei die Hölle. Der Ort sei nicht groß genug.*

*"Wenn er nicht groß ist" sprach ich, "wie kann er dann eine so große Vielzahl enthalten?"
Darauf antwortete er und gab ein Beispiel, wie ich es nie zuvor gehört oder gelesen hatte.
Er sagte nämlich: "Siehst Du nicht, daß Wasser, das in deinem Krug enthalten ist, nur wenig
ist? Wenn man es aber versprengt, dann wird es zu einer unendlichen und unsagbar großen
Zahl Tropfen. Ebenso verhält es sich mit den Seelen." Als ich ihn nun fragte, welche Strafe sie
erlitten und ob Dämonen sie angriffen, antwortete er: "Die Teufel haben keinen Zutritt zu uns.
Doch sehen wir sie beständig vorbeifliegen und Seelen zur Hölle in unserer Nähe schleppen.
Diese Seelen erkennen wir und nicht nur sie, sondern auch diejenigen, die schon vor uns (als
wir noch auf Erden lebten) zur Hölle geschleppt worden sind. Dies ist für uns ein großer Trost,
daß wir sehen wie zwar jene im ewigen Feuer brennen, wir aber einmal befreit werden. Als ich
ihn nun fragte, ob er mit Hilfe von Almosen und anderen guten Werken befreit werden könnte,
schwieg er zwar. Doch schien man aus seinen Gebärden zu erkennen, daß er dies wünsche.
Wiederum fragte ich ihn, warum er, als er als Sterbender zu Bette lag, uns nicht mehr angere-
det hätte? Er antwortete, er habe es nicht vermocht. So groß sei nämlich die Todesfurcht, sagte
er, daß die Seele, ihr zu entkommen, heftig begehre, wiewohl sie nicht wisse, wohin sie geführt
werde. In diesem Augenblicke gereiche ihr das Verdienst der Frommen zum Vorteil. Als ich ihn
nun fragte, was er über uns denke, was uns in dieser Welt zustoße und besonders den Kindern,
antwortete er, keineswegs wisse er das. Es sei ihm gänzlich unbekannt, was hier geschehe.*

Von Dürers Hand sind mehrere Darstellungen Pirckheimers erhalten. Das älteste Bildnis Pirckheimers ist enthalten in einem bei Anton Koberger in Nürnberg am 6. März 1489 im Druck
erschienenen Buch, dem sogenannten „Triologium Animae", ein Handbuch für Ordensleute.
Der Holzschnitt C „caput physikum" trägt offenbar die Züge Pirckheimers. Aus dem Jahre
1503 sind eine Silberstiftstudie und eine Kohlezeichnung Dürers von Pirckheimer erhalten, so
auch eine wohl auf Dürers Hand zurückgehende Zeichnung der Crescentia Pirckheimer. Die
Silberstiftstudie des Freundes trägt oben, möglicherweise mit der Handschrift Pirckheimers
ausgeführt, den äußerst derben Scherzsatz: „Mit dem Schwanz in den Arsch."

**Verschiedene Darstellungen von Willibald Pirckheimer aus der Hand Albrecht Dürers: Silberstift- und Kohlezeichnung sowie ein Kupferstich.**

Lange Zeit ist diese offensichtlich einer Laune entsprungene Beischrift in der Kunstgeschichte prüde verheimlicht worden. Später nahm man den Scherz zum Anlass, über eine homoerotische Verbindung zwischen Patrizier und Künstler zu spekulieren. Weitere Anhaltspunkte hierfür gibt es allerdings nicht, angesichts der vielen Frauenbekanntschaften Pirckheimers (und auch Dürers?) wäre ein solches Verhältnis hier ungewöhnlich. Die Zeichnungen geben aber ein deutliches Charakterbild Pirckheimers wieder, man sieht einen derb-sinnlichen, aber auch mit Humor, Durchsetzungskraft und Intelligenz ausgestatteten Gegenpart des Malers.

Die Kohlezeichnung trägt auf der Rückseite die Zuschrift des Enkels Pirckheimers, des Willibald Imhof: „Meines Ahnherrn Willibald Pirckheimers seligen Abkontrafaktur durch Albrecht Dürer 1503." Das berühmteste Bild Pirckheimers bietet der Meisterkupferstich von 1524, der gleichzeitig ein ausgefeiltes Psychogramm des Dargestellten liefert. Ein gewisses herrisches und jähzorniges, aber auch genussfreudiges Wesen lässt sich auch hier aus dem Blick ablesen, aber auch ein erheblicher Sinn für Humor. Der Kupferstich trägt den lateinischen Aufdruck „Bildnis des Willibald Pirckheimers in seinem 53 Lebensjahr. Durch seinen Geist lebt er, dass übrige ist dem Tode verfallen 1524" (vivitur ingenio, caetera mortis erunt). Es handelt sich hierbei um ein Zitat einer Totenklage auf Maecenas, dessen Name zum Synonym für uneigennützige Kunstförderung wurde. Die Zusammenarbeit der beiden Freunde hatte aber auch noch eine ganz praktische juristische Seite. Pirckheimer beriet Dürer bei der Gestaltung eines künstlerischen und literarischen Urheberrechts. Hier liegen auch die Wurzeln des Schutzes geistigen Eigentums. Dürer beschwerte sich schon in einem Brief an Pirckheimer aus Venedig darüber, dass die italienischen Maler seine Bilder einfach nachmachten, hiergegen war er rechtlich jedenfalls in Italien machtlos. Er schützte seine Bilder schon früh mit dem Monogramm AD. Häufig versah er seine Werke mit einer Warnung vor unberechtigtem Nachdruck, so etwa im Impressum der „Unterweisung der Messung". Gegen andere Nachahmer erwirkte Dürer am 3. Januar 1512 einen Beschluss des Nürnberger Rates, in dem dieser fremden Malern verbot, das Monogramm Dürers nachzumachen und derartige nachgemachte Grafiken zu verbreiten. Als Dürer mit einem Schwarzbau (ein „heimliches Gemach") im Juni 1527 gegen die Bauordnung der Reichsstadt verstieß, sah sich der Rat zwar veranlasst, ein Bußgeld zu verhängen, verfügte aber, wohl auf Veranlassung Pirckheimers und im Hinblick auf den Weltruhm des berühmten Mitbürgers, dass Dürer das Bußgeld wieder zurückerstattet wird, sobald er dieses gezahlt hat.

Ein Höhepunkt der spätlateinischen Dichtung ist die von Pirckheimer angesichts des überraschenden Todes Albrecht Dürers am 6. April 1528 verfasste Elegie, die zu den wesentlichen spätlateinischen Dichtungen schlechthin gehört. Auch der Spruch auf Albrecht Dürers Grab auf dem Johannesfriedhof stammt von Pirckheimer: „Was von Albrecht Dürer sterblich war, birgt dieser Hügel. Er wanderte aus am 6. April 1528."

Im lateinischen Original ist dies an sprachlicher Eleganz und Prägnanz kaum zu überbieten, was Pirckheimer seinem Freund mit auf das Grab gelegt hat: „Quicquid Alberti Dureri mortale fuit, sub hoc conditur tumulo."

### Elegie auf den Tod Albrecht Dürers, 1528

*Du, während so vielen Jahren mir innigst freund und verbunden,*
*Albrecht, du meines Ichs wertvoller besserer Teil-*
*Scherzende Reden mir dir zu wechseln, war mir gegeben;*
*Auch das vertrauteste Wort fand seine Ruhestatt in dir-*
*was überlässest du plötzlich den Freund der plötzlich Trauer,*
*eilst so geschwind hinweg, Ärmster, der Rückkehr beraubt?*
*Weder dein liebes Haupt, noch die Hand dir durfte ich berühren,*
*traurigem Abschiedswort nicht mehr die Stimme verleihen.*
*Eben nur bettetest du den kranken Leib auf das Lager,*
*schon entriß dich der Tod eilends in unschöner Hast.*
*Wehe der eitlen Hoffnungen eines unvorhersehenden Geistes!*
*Alles hier unten zerstiebt, alles in jähem Zerfall.*
*Was dir zu deinem Wert das günstige Geschick auch gegeben:*
*Treue und Rechtschaffenheit, schönheitskundige Hand-*
*All dies entwand dir der Tod so bald in ruchlosem Ansprung,*
*nur: zu entreißen den Ruhm, blieb er glücklich zu schwach.*
*Denn: solang Sterne dort oben den strahlenden Pol umkreisen,*
*bleibt dir, Dürer, der Ruhm, bleibt dein kraftvolles Werk.*
*Ziehe dahin, unserem Volke ein nie erlöschender Name,*
*suche das himmlische Reich, Christus geht dir voraus,*
*Dort keiner eitlen Ehre dich für immer zu freuen,*
*unverwelklichen Lorbeers, deinen Verdienst gemäß.*
*Wir als schwächliche Wesen irren im Schatten des Todes,*
*auf zerbrechlichem Kahn schwanken wir über ein Meer.*

*Einmal winkt auch uns die Gnade des gütigen Christus;*
*Einmal beten auch wir deinen schweigsamen Pfad.-*
*Tränen der Trauer inzwischen weihen wir unserem Freunde,-*
*Tränen sind jedem Schmerz schon ein versüßender Trost,-*
*Fügen dazu noch die Bitten, die Allmacht Gottes zu sänftigen,*
*hoffend, daß das Gebet dies zu bewirken vermag.*
*Doch dem Hügel des Grabes sollen Duft und Farben nicht fehlen:*
*Veilchen und Rosen im Kranz, Lilien, Narzissen dazu.*
*Du nun ruhe vollendet, vom gütigen Schlaf umfangen.*
*Schlaf ist dem Guten der Tod, sinkt er in Christi Arm.*

Eine etwas zweifelhafte Wirkung hatte ein Brief Pirckheimers an den Architekten und Festungsbaumeister Tschertte aus dem Jahr 1530, in dem Pirckheimer zum einen Stellung nahm zu seiner Distanz zur reformatorischen Bewegung, zum anderen aber über die Witwe Dürers herzog, die er als knausrig darstellte und ihm nicht einmal ein Hirschgeweih Dürers nach dessen Ableben zur Verfügung stellte, für welches sich Pirckheimer wohl interessiert hatte. Es ist versucht worden, aus dieser brieflichen Beschreibung der Eheleute Dürer auf ein problematisches eheliches Verhältnis zurückzuschließen, das meiste davon bleibt aber Spekulation.

# DIE REUCHLIN-AFFÄRE

Der intensive wissenschaftliche Austausch führte Pirckheimer allerdings auch mitten in die sogenannte „Reuchlin-Affäre", die sich um die satirischen Veröffentlichungen der „Dunkelmännerbriefe" entwickelte. Die Nürnberger Humanisten um Pirckheimer und den Ratsschreiber Lazarus Spengler trafen sich regelmäßig in der Herrentrinkstube, einem Art Clubraum der besseren Gesellschaft über der Waag in der Winklergasse, dasselbe Gebäude, welches ebenfalls die Poetenschule beherbergte. Durch Konrad Celtis angeregt, trafen sich nicht nur in Nürnberg humanistische Interessengemeinschaften – sogenannte sodalitates.

Die satirischen Veröffentlichungen der „Dunkelmännerbriefe".

Auch Pirckheimers Haus am Herrenmarkt wurde zu einem Zentrum der Kommunikation. Celtis nannte es in einer Widmungsvorrede zu den 1501 in Nürnberg herausgegebenen Schriften der Roswita von Gandersheim gar eine Herberge der Gelehrten. Auch Dürer hatte von Anfang an Zugang zur Herrentrinkstube in Nürnberg, nicht erst seit seiner Ernennung zum Genannten des Großen Rates. Dürer grüßt aus Venedig mit einem launigen Brief die Trinkgenossen in der Herrentrinkstube mit dem Satz: „Grüßt mir die Schtubn, sagt, sie sei ein Unflat."

Größtes Anliegen aller Humanisten war die Erneuerung der Kirche von innen, die insgesamt als abgewirtschaftete und geldgierige Institution wahrgenommen wurde, geleitet von ungebildeten und habgierigen Klerikern. Am Vorabend der Reformation kam es zur sogenannten Reuchlin-Affäre, die das literarische und intellektuelle Europa in den Bann zog und polarisierte. Hier wurde auf literarischem Gebiet der Streit zwischen den erzkonservativen Scholastikern und den modernen Literaten und Philosophen ausgetragen. Schärfste Waffe war der Humor und die Satire. Im Zentrum des Streits stand der stille Professor für Gräzistik, Johannes Reuchlin aus Pforzheim, Großonkel des Reformators Philipp Melanchthon. Die Auseinandersetzungen begannen damit, dass der zum Christentum konvertierte Jude Johann Pfefferkorn in mehreren Kampfschriften seine früheren jüdischen Glaubensgenossen scharf angriff und forderte, dass sämtliche religiösen Bücher der Juden verbrannt werden sollten. Er erhielt für seine Forderungen Rückendeckung durch die Kölner Dominikaner, die als spätmittelalterliche Scholastiker die Kölner Universität dominierten. Er wandte sich sogar an Kaiser Maximilian, der im Jahre 1509 allerdings von verschiedenen Universitäten und Gelehrten Sachverständigengutachten anforderte, wie mit dem Talmud, den sonstigen jüdischen Büchern und deren Traditionspflege umzugehen sei. Reuchlin setzte sich in seinem ausführlich begründeten Gutachten für den Erhalt des jüdischen Kulturguts und der jüdischen Schriften ein und wandte sich scharf gegen eine Vernichtung des Talmuds. Dieses frühneuzeitliche Eintreten für Glaubens- und Gewissensfreiheit traf auf den Unmut des Hetzers Pfefferkorn. Dieser verfasste ein der damaligen Zeit entsprechendes ungestümes Pamphlet, den sogenannten

„Handspiegel", in dem er Reuchlin der Korruption durch die Juden bezichtigte. Hiergegen antwortete nach guter Humanistenart Reuchlin mit dem sogenannten „Augenspiegel", in dem er nun seinerseits auf polemische Weise die Argumente der Gegenseite widerlegte und auch noch die theologische Fakultät der Stadt Köln angriff, die von den rückwärtsgewandten Dominikanern beherrscht war. Fast zwangsläufig trat nun der kühne Ketzermeister Jakob von Hochstraten auf den Plan und überzog Reuchlin mit einem gerichtlichen Prozess, um das ketzerische Wesen der Schriften Reuchlins zu beweisen. Dieses Vorgehen fand den Widerstand der gesamten Humanistengemeinde, allen voran Ulrich von Hutten. Sie entfesselte einen literarischen, meist satirisch gefärbten Diskurs zugunsten der religiösen Toleranz und Meinungsfreiheit. Am Ende siegte die humanistische Partei. Der Streit, der die gelehrte Welt damals erschütterte, führte sogar zu einer unerwarteten Verbreitung und zu großen Druckauflagen des Talmuds. Pirckheimer geriet mehr durch Zufall in den Streit hinein. Er hatte einige Briefe an Reuchlin geschickt, in denen er diesen sogar zur Mäßigung des Tons aufrief. Diese Briefe veröffentlichte Reuchlin in einer Sammlung der sogenannten „Briefe berühmter Männer (Clarorum virorum epistulae)". Daraufhin verfassten einige Humanisten, allen voran Hutten, sogenannte „Dunkelmännerbriefe", die voller Spott in derbem Küchenlatein die rückwärts und antisemitisch gewandte Weltsicht der Dominikaner und ihrer Anhänger karikierte. Pfefferkorn griff seinerseits wieder in den literarischen Streit ein, in einer Verteidigung (defensio) beschwerte er sich, dass er von einem gewissen Willibald aus Nürnberg allzu sehr verspottet worden wäre. Pirckheimer wehrte sich mit Widmungsbriefen zu Übersetzungen griechischer Texte des Lukian.

Erst sind dies die Werke der „Fischer", der „Rhetor" und die „Flüchtigen". Die Widmungsvorrede zum „Fischer" des Lukian, der sogenannten „Epistula apologetica" oder Verteidigungsbrief ist eines der wichtigsten Zeugnisse des Toleranzverständnisses der Humanisten Deutschlands im frühen 16. Jahrhundert. Alle Humanisten betrachteten die Thesen der Dominikaner als Angriffe auf die freie Wissenschaft, was nicht mehr geduldet wurde.

Auch die späteren Reformatoren griffen auf die Vorarbeiten der Humanisten zurück. So hielt Luther das Lernen des Hebräischen, Griechischen und Lateinischen für sinnvoll und notwendig, zur Förderung des wahren Glaubens und entwickelte ein eigenes Schulprogramm.

Hutten verband seine satirischen Angriffe gegen die ewig Gestrigen mit seriöser wissenschaftlicher Arbeit, so mit der Herausgabe der Schriften des Lorenzo Valla, der durch sprachliche Textkritik die sogenannte Konstantinische Schenkung, mit der Kaiser Konstantin angeblich dem Papst sein Westreich geschenkt habe, als Fälschung des frühen Mittelalters entlarvt hatte. Pirckheimer seinerseits schildert in seiner Verteidigungsschrift für Reuchlin seine Vorstellung vom prominenten Theologen und wahren Philosophen. In dieser Verteidigungsschrift führt er eine Reihe von seriösen Theologen auf, die seiner Ansicht nach für die neue Richtung der Wissenschaft stehen. Unter anderem wird in dieser Schrift aus dem August 1517 neben Personen wie Erasmus von Rotterdam, Giovanni Francisco Pico della Mirandola, Graf Herrmann von Neuenahr, Bernhard Adelmann ein bislang unbekannter Professor aus Wittenberg namens Martin Luther genannt. Pirckheimer rühmt sich in dieser Schrift, eine große Anzahl gebildeter Freunde nicht nur in Deutschland, sondern in fast ganz Europa zu besitzen. Er schildert aus seiner Sicht die wahre Philosophie, die nicht mehr länger Magd der Theologie ist, sondern sich als freies Streben nach Erkenntnis emanzipiert.

Dieser Widmungstext ist eine der bedeutendsten zeitgenössischen Schilderungen der Renaissance-Philosophie.

## Apologie für Johannes Reuchlin, Widmungsrede zu Lukians „Fischer oder die wiedererstandenen Philosophen", 1517

*Überdies ist es notwendig, die natürliche und übernatürliche Philosophie genau zu kennen, aber nicht nur die, der Aristoteles sich sehr gewissenhaft gewidmet hat, sondern auch die göttlicheren, in der vorzüglich Platon unzweifelhaft die Krone errungen hat. Ihn nennt ja auch Marcus Tullius Cicero den Gott der Philosophen. Der heilige Augustinus bekennt ebenso, ihn erwählt zu haben, da er über das letzte Ziel der Menschen und über die göttliche Natur besser als die anderen Philosophen geredet habe. Indessen will ich von unseren anderen und den griechischen Philosophen schweigen, die alle mit einem Munde bekennen, die platonische Theologie stimme am meisten mit dem christlichen Glauben überein. Aber sie kann man ohne die vier mathematischen Fächer, nämlich die Geometrie, Arithmetik, Musik und Astronomie, nicht vollkommen begreifen. Daher befand sich am Eingang der Platonischen Schule eine Inschrift, die daran erinnerte, daß niemand, dem die Kenntnis der Geometrie mangle, hier eintreten solle. Aber auch, was Platon über das erste von allem Seienden, seine höchste Einfachheit und Einheit in „Parmenides" denkt, dies zu wissen ist der Mühe wert. Was es mit den ewigen und unkörperlichen Substanzen auf sich hat, ob sie aus dem Nichtseienden überhaupt oder ob sie aus einem irgendwie Seienden und einem irgendwie Nichtseienden entstanden sind. Was es mit der Verschiedenheit der unkörperlichen Wesen auf sich hat, ob es eine Unterscheidung in ihnen außer dem Intellekt gibt. Was es mit Formen auf sich hat, ob es getrennte sind, ob sie durch sich selbst bestehen, oder ob sie in den zweiten Begriffen der Seele sich befinden. Ob die abstrakten Formen zusammengesetzt sind. Ob die Welt ungeschaffen und ewig, oder ob sie geschaffen und vergänglich, oder ob sie zugleich geschaffen und ungeschaffen und ewig ist. Wie viele Arten der Bewegung es gibt. Was seine Philosophie über die Vorsehung lehrt, ob sie für sich oder per Accidenz besteht. Über das Schicksal und den freien Willen und über anderes noch unzähliges; denn ich greife aus dem vielen nur sehr weniges heraus. Kommt es nicht auch darauf an, das zu kennen, worin sich Platon und Aristoteles anscheinend widersprechen? Was bei Aristoteles Materie und Formen bedeuten. Was bei Platon das Große und das Kleine, und warum er die Materie dieses Etwas nennt. Ob Aristoteles der Meinung war, die Seele sei sterblich oder nicht. Mit welchen Gründen Platon im „Phaidon" ihre Unsterblichkeit beweist. Wie die Entelechie mit der Bewegung, durch die die Seele sich selbst bewegt, übereinstimmt. Was Platon das Fahrzeug der Seele nannte. Ob man die Tugend und das Ehrenhafte, oder ob man vielmehr die Wissenschaft der Kontemplation für das letzte Ziel des Menschen halten soll. Für einen Gelehrten und dieses Namens würdigen Theologen geziemt es sich, dies und alles andere genau zu wissen, in dem so große Männer übereinstimmten oder einander widersprachen, sowohl in den natürlichen wie in den göttlichen Dingen, in dem, was die Sitten, aber auch in dem, was die Gründe der philosophischen Diskussion betrifft. Sodann sollte der Theologe doch auch die Geschichtswissenschaft nicht vernachlässigen, denn in der Geschichte werden die Heiligen Bücher überliefert. Durch die Geschichtswissenschaften werden die Begebenheiten und der Sinn einer jeden Zeit der Nachwelt richtig erklärt. Vor allem aber gilt der als weise, der aus dem Vergangenen das Schicksal des Künftigen in kluger Weise zu berechnen und kundig vorauszuschauen vermag. Wenn des weiteren ein Theologe weder in unserem göttlichen noch im menschlichen Recht erfahren ist, so sehe ich nicht, wie er das Göttliche zu wissen und heilig zu lenken und das Menschliche klug und gesetzmäßig zu verwalten vermag. Daher sollte jemand, der sich des Lorbeerkranzes der Theologie für würdig hält, sich so durch Klugheit, Bildung, Geübtheit und Erfahrung auszeichnen, daß er in jeder Hinsicht dasteht als ein Mann von hervorragender Weisheit und Gelehrsamkeit. Solcher Art waren einst der Bischof von Worms, Johannes Kämmerer von Dalberg, Giovanni Pico della Mirandola, Bohuslaus von Lobkowitz und Hassenstein, Johannes Keyersberg, Engelhard Funck, Johannes Rays, Johannes Cuno. Ihr Gedächtnis wird für immer unter die Seligen gezählt. Unter den Lebenden aber sind solcher Art: der hochwürdigste Fürst und Kardinal von Gurk Matthäus Lang, der Herr Giovanni Francesco Pico della Mirandola, Graf Hermann von Neunahr, Bernhard Adelmann, der Dechant von Trient Jakob de Bannissis, jener von Brixen Wolfgang von Tannenberg aus Padua, Erhart Truchseß von Wetzhausen, Domdechant in Eichstätt, Andreas Fuchs mit seinem Bruder Jakob, dem Bamberger Dechant, Johannes Staupitz, Vikar der Augustiner, Kilian Leib, Prior des Chorherrnstifts Rebdorf, der in drei Sprachen bewandert ist, Johannes Macheisen, Provinzial der Franziskaner, Gregor Muffel, Provinzial der Karmeliter, Melchior Pfinzing, Propst von St. Sebald und Georg Beheim, Propst von St. Lorenz in Nürnberg, Erasmus von Rotterdam, Johannes Speyser, Johannes Eck, Paulus Constantinus Phrygio, Johannes Oekolampadius, Johannes Rhagius Aesticampianus, Johannes Cochlaeus, der Franziskaner Thomas Murner, die Augustiner Wenzeslaus Linck und Martin Luther, alle Doktoren der hl. Theologie. (...)*

Auch inhaltlich greift Pirckheimer mit seinen nunmehr Schlag auf Schlag folgenden Übersetzungen Themen auf, die exakten zeitgeschichtlichen Bezug haben. In der von ihm übersetzten Schrift Lukians, „Die Fischer oder die Wiedererstandenen Philosophen" wird die Philosophie als Richterin über falsche Philosophen dargestellt: Fischer ziehen aus, um falsche Philosophen einzufangen. Wer diese falschen Philosophen tatsächlich sind, ergibt sich aus dem zeitgeschichtlichen Zusammenhang. Der Streit um religiöse Toleranz und Gewissensfreiheit und um die Person Reuchlins verlor seine Brisanz vor dem Hintergrund der aufziehenden Wirren der Reformationszeit.

## PIRCKHEIMER UND LUTHER

Pirckheimer wurde bald in die Auseinandersetzungen der Reformation hineingezogen. Bereits ab der Adventszeit 1516 predigte im Augustinerkloster Johannes von Staupitz, damals Oberhaupt der deutschen Augustiner-Eremiten, die sehr früh das reformatorische Gedankengut verbreiteten. In Nürnberg fanden die Reformatoren sehr bald Gehör. Sie predigten Gewissensentlastung, dass es nicht nur den strafenden Gott Roms, sondern auch einen gütigen Gott gibt, der sich ganz im Sinne der späteren Reformation mit dem Gedanken der Gnade erfahren lässt. Für Luther und seine Mitstreiter wurde die Bibel Grundlage des theologischen Denkens, nicht mehr die Tradition der Kirche, das Gewissen wurde zum vornehmlichen Maßstab des Denkens. Somit wurde die Reformation nicht nur zum ersten Medienereignis der Geschichte, sondern begründete gleich den modernen Individualismus mit.

Ein weiterer persönlicher Streit sollte fatale Folgen für Pirckheimer nach sich ziehen. Die Wirtschaftspolitik und die Ablassfinanzierung der Augsburger Fugger boten Anlass für den Ingolstädter Professor Dr. Johannes Eck, sich für einen Zinssatz von fünf Prozent für Darlehen starkzumachen. Demgegenüber standen die Verfechter des kanonischen Zinsverbots, die jedes Zinsnehmen als Wucher verteufelten. Auch Pirckheimer setzte sich literarisch für das Zinsverbot ein, was ihn aber nicht hinderte, seinerseits etwa an den Bischof Gabriel von Eichstätt am 29. Mai 1525 ein Darlehen zu vermitteln und über seinen eigenen Rechtsanwalt Hipler bei einem eigenen zahlungsunwilligen Mieter namens Koler im Oktober 1521 Mietzins eintreiben zu lassen. Da die Fugger mit dem Einsammeln von Ablassgeldern nach Rom beauftragt waren und hier große Gewinne für sich abschöpften, suchten und fanden sie in dem wortgewaltigen Johannes Eck ein Sprachrohr. Der Wittenberger Augustinermönch Dr. Martin Luther veröffentlichte zunächst allein zum Zwecke eines wissenschaftlichen Disputs seine 95 Thesen, wahrscheinlich am 31. Oktober 1517, vor allem gegen den gewerblichen Ablasshandel.

Schon Ende 1517 hielt Pirckheimer die Ablassthesen Luthers in seinen Händen, sein Freund Adelmann bedankte sich am 11. Januar 1518 für die Weiterleitung dieser Schriften des als guten und gelehrten Mannes charakterisierten Reformators.

Die Leipziger Disputation im Juni und Juli 1519 zwischen Eck und Luther klärte die Fronten und ebnete den Weg für die Kirchentrennung. Luther stellte hier klar, dass selbst Konzile irren können. Pirckheimer wird nahezu tagesaktuell auch über diese erste große Auseinandersetzung brieflich unterrichtet. Am 3. August 1519 schilderte ihm der Leipziger Griechischprofessor und Moderator der Leipziger Disputation Petrus Mosellanus aus Erfurt seine persönlichen Eindrücke der handelnden Personen: Sein Brieffreund schilderte Dr. Eck als großsprecherisch und arrogant, der sich aber nur auf das Zitieren von Kirchenvätern beschränkt, während die lutherische Seite besonnen und gründlich Sachargumente liefert. Luther bestreitet schlichtweg den römischen Primatanspruch und macht sich über die Kopflosigkeit der Kirche im Fall der Sedisvakanz lustig. Die Post erreicht Pirckheimer auf schnellstem Wege, so wie Hutten ihm 1521 vom Reichstag zu Worms eine persönliche Schilderung umgehend zuschickt. Die Kontrahenten befehdeten sich weiterhin durch allgemein veröffentlichte Schriften. So griff Eck die Thesen Luthers in kleinen Schriften, den sogenannten Obelisken an, die von Luther wiederum mit Gegenschriften, den Asterisken beantwortet wurden. Auch diese schriftliche Fehde wurde in Nürnberg mit großer Aufmerksamkeit verfolgt, Pirckheimer hielt die Texte in seinen Händen.

Der zunächst rein akademische Streit nahm zunehmend kämpferische Züge an. Der scharfzüngige Eck hetzte seinerzeit gegen die Ablasskritik Luthers. In diese aufgeheizte Stimmung platzte eine anonyme Satire über den „Enteckten Eck" (Eccius dedolatus). Kurz zusammengefasst wird in dieser Satire Dr. Eck so lange mit Prügeln und anderen chirurgischen Mitteln glatt geschlagen, bis das wahre Evangelium aus dem geläuteten Sprachrohr des Papstes herausspringt. Dieser heutzutage nur noch schwer verständliche Spaß, hinter dem Eck bald

Lazarus Spengler (1479–1534) war der wohl bedeutendste Ratsschreiber Nürnbergs. Als früher Anhänger Martin Luthers förderte er die Entscheidung Nürnbergs zur Reformation, die 1525 vollzogen wurde.

Willibald Pirckheimer als Autor vermutete, führte dazu, dass Eck aus privater Rache Willibald Pirckheimer und dessen Weggefährten, den Nürnberger Ratsschreiber Lazarus Spengler, in die Bannandrohungsbulle „Exsurge Domine" (Erhebe dich Herr) vom 15. Juni 1520 neben Luther aufnehmen ließ.

Lazarus Spengler war ein Nürnberger Vorreiter der Reformation, er veröffentlichte erste Reformationsschriften (am bekanntesten ist eine „Schutzrede" zugunsten der reformatorischen Lehre) und ist unter anderem der Dichter des evangelischen Kirchenliedes „Durch Adams Fall ist ganz verderbt".

Luther wusste sehr genau, dass spätestens seit dem Religionsgespräch 1524 in Nürnberg die Stadt Nürnberg fest zur evangelischen Lehre steht. Insbesondere den Stadtschreiber Lazarus Spengler erwähnte Luther 1531 in einem Tischgespräch mit folgenden Worten: „Dr. Lazarus Spengler allein hat das Evangelium in Nürnberg eingeführt und er allein hat erreicht, dass es dort bis heute Bestand hat."

Der Nürnberger Rat wollte Schlimmeres verhindern und drängte Lazarus Spengler und Willibald Pirckheimer, sich der römischen Kirche zu unterwerfen und mit Nachdruck die Entfernung aus der Bannandrohungsbulle zu betreiben. Hierauf ließen sich die beiden angegriffenen Nürnberger zähneknirschend aus Staatsraison ein und versuchten auch unter Vermittlung des Bischofs von Bamberg aus der Bannandrohungsbulle ihre Namen tilgen zu lassen. Dies gelang nicht, vielmehr drängte nun Eck darauf, dass die beiden Nürnberger Humanisten schließlich auch noch in die eigentliche Bannbulle Leos X., „Decet Romanum Pontificem" aus dem Jahr 1521 aufgenommen wurden. Pirckheimer musste sich auf Drängen des Rats an den päpstlichen Nuntius Aleander wenden, um seine Entfernung aus der Bannbulle, in der die Ablassthesen Luthers verteufelt wurden, wieder zu erreichen. Die Lossprechung wurde sodann im August 1521 durch die Kurie selbst bewirkt.

Diese persönlichen Angriffe setzten Pirckheimer erheblich zu, er zog sich aus dem öffentlichen Leben nunmehr weitgehend zurück und schied insbesondere im Hinblick auf sein beginnendes Gichtleiden 1523 aus der aktuellen Tagespolitik und aus dem Rat aus. Auch seine Veröffentlichungen zu aktuellen Tagesereignissen wurden vorsichtiger. Er verarbeitete die religiösen Angriffe in seiner Spottschrift „Lob der Gicht" (Laus podagrae), in der er die Krankheit der Gicht als Person auftreten und sich selber rühmen lässt, während sie darlegt, wie viel Gutes sie doch dadurch wirkt, dass sie den an der Gicht Erkrankten zwar an der Bewegung hindert, ihm aber dafür alle geistigen Freiheiten eröffnet.

Luther reagierte anders auf die Bannangelegenheit, er verbrannte die päpstlichen Bullen vor den Toren Wittenbergs und veröffentlichte 1520 seine drei großen reformatorischen Sendschriften: „An den Christlichen Adel deutscher Nation", „Von der babylonischen Gefangenschaft der Kirche" und „Von der Freiheit eines Christenmenschen". Damit bricht er radikal mit der römischen Tradition und der Werkgerechtigkeit.

In all diesen Schreiben wird eine deutliche Sprache geredet; auch in der Bannandrohungsbulle spart der Papst nicht mit Grobheiten, so wird Luther hier als Wildschwein aus dem Wald bezeichnet, der Mönch Martin Luther tituliert dafür den Papst als wilden Eber und Bestie. Mit seinen Schriften wird Luther zum Bestsellerautor.

Pirckheimer hingegen beklagt, dass ihm untersagt wurde, frei zu schreiben. In Nürnberg fand im Jahr 1524 das Nürnberger Religionsgespräch im Rathaus statt, als dessen Ergebnis die Reformation in Nürnberg eingeführt wurde; seither konnte Pirckheimer auch wieder frei schreiben. Erhalten ist von ihm im Entwurf ein Sendschreiben an Papst Hadrian VI. aus dem Jahr 1523, in dem er sich bemüht, das Fehlverhalten der Dominikaner herauszustellen und die von Reuchlin propagierte Wissenschaftsfreiheit zu verteidigen. In einer nachfolgenden Schrift, die wohl unmittelbar nach dem Nürnberger Reichstag und dem Nürnberger Religionsgespräch von 1524 entstanden ist, verteidigt er nachdrücklich Luther und seine Lehre – es ist die im Konzept erhaltene Schrift „Von den Verfolgern der evangelischen Wahrheit, ihren Absichten und Ränken".

Der Riesenholzschnitt aus dem Jahr 1559 mit dem Titel „Die Reformatoren vor Nürnberg" zeigt die Taufe Christi in der Pegnitz, vor den Augen der wichtigsten politischen und militärischen Schirmherren der Reformation, denen rechts bedeutende Reformatoren gegenüberstehen, die von Johann Hus, Martin Luther und Philipp Melanchthon angeführt werden.

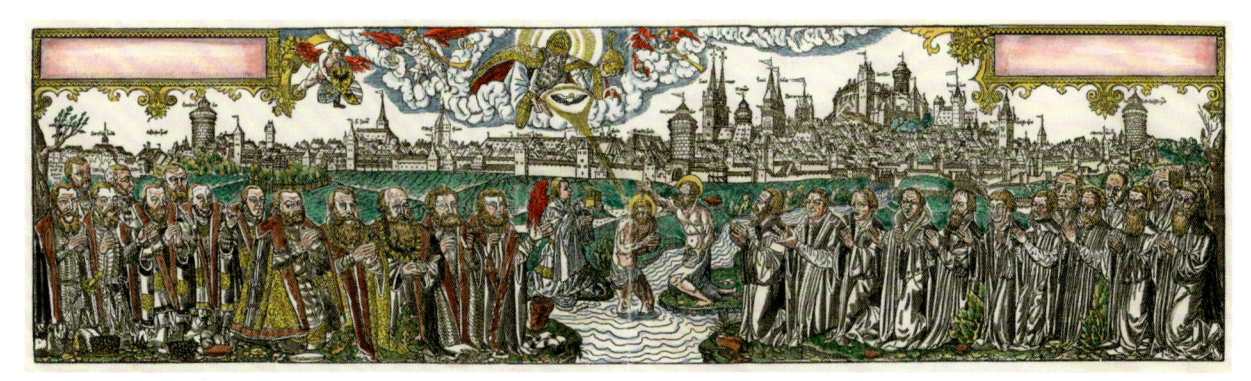

Pirckheimer ließ sich in der Folgezeit nicht eindeutig in eine religiöse Richtung stellen, vielmehr bot er sich als Vermittler im eskalierenden Streit zwischen Luther und Erasmus von Rotterdam über den freien Willen an, der in öffentlicher Diskussion ausgetragen wurde.

Ob Luther tatsächlich im Jahr 1518 Gast im Hause Pirckheimer war, ist nicht nachgewiesen. Ein Dokument der persönlichen Bekanntschaft ist allerdings erhalten geblieben. Dies ist der Brief Luthers an Pirckheimer vom 20. Februar 1519. Dieser Brief nimmt Bezug auf einen weitergehenden Briefwechsel, der aber nicht erhalten ist. Luther begrüßt Pirckheimer hier als „vir eruditissime", somit als hochgebildeten Herrn und teilt ihm unter anderem mit: „Übrigens habe ich mit vielem Dank von Euch die kunstvollen Leistungen meines lieben Eck empfangen. Ich schicke Euch wiederum, was ich ihm zu entgegnen habe." Daneben tauschten sie sich über die neuesten Machenschaften des Silvester Prierias aus. Dieser war Theologe an der vatikanischen Universität La Sapienza in Rom und begutachtete und verurteilte die Schriften Luthers als Ketzerei. Auch später hielt Luther große Stücke auf Pirckheimer; so schrieb er am 27. März 1526 an den Reformator Spalatin über Pirckheimer: „Es hat gegen den Oekolampad Willibald Pirckheimer geschrieben, mit mehr Herz und Eifer, als ich es mir von einem so bedeutenden Mann versprochen hätte, den ich mit anderen Dingen überlastet glaubte." Luther lobte auch noch im Jahr 1527 Pirckheimers theologische Ideen in der Auseinandersetzung um die Abendmahlsfrage. Pirckheimer steht grundsätzlich wie Luther auf dem Boden der Konsubstantiationslehre, lehnt aber die Vorstellung der Schweizer Reformatoren vom bloßen symbolischen Charakter des Abendmahls ab. Luther schreibt, dass „die Schweizer zur Genüge bewiesen hätten, wie man eine Sache von einem Zaun bricht, wie den Oekolampadius tut wider dem Pirckheimer zu Nürnberg".

Pirckheimer vertritt hier also noch im Jahr 1527 Auffassungen, die im Wesentlichen auf den Boden der lutherischen Lehre gründen. Gleichwohl hatte er nie den Schritt zum Bekenntniswechsel vollzogen, sondern ist zeitlebens katholischer Christ geblieben. Die bilderstürmerischen Schwärmereien und die Gewalttaten des Bauernkrieges, in die die Freiheiten des Christenmenschen politisch umgedeutet wurden, lehnte er ab. Pirckheimer nahm sich im Jahr 1521 eine Auszeit vor der tagespolitischen Diskussion und nahm längere Zeit Wohnung in dem Schloss seines Schwagers Martin Geuder in Neunhof bei Lauf, um von der nun in Nürnberg grassierenden Pest zu fliehen. Hier fand er Ruhe und Gelegenheit, pseudoplatonische Schriften als eine Art Kurzhandbuch der Philosophie zu übersetzen. Im Vorwort beschrieb er seine literarische Muße im Neunhofer Schloss.

Dieser Text aus seinem literarischen Fluchtort ist als eine der ersten literarisch gelungenen Landschaftsbeschreibungen erhalten; er schildert hier in Briefform an seinen Freund Bernhard Adelmann von Adelsmannsfelden sein Leben auf dem Land, das er zwischen bäuerlicher Idylle und Beschäftigung mit Platon genießt. Hierher hat sich der Gelehrte vom Treiben der Welt zurückgezogen und übersetzt die griechischen Kabinettstückchen der Philosophie.

Dieser Brief ist wiederum zu einem Haupttext der Renaissanceliteratur geraten. Die Literaturgeschichte kennt ähnliche Texte schon aus der Antike, in der poetische Landschaften als schöne Flecken (locus amoenus) geschildert werden. Die literarische Wahrnehmung der Landschaft tritt neben bildnerische Darstellung der parallel erwachenden Landschaftsmalerei. Auch von den italienischen Vorbildern wie Petrarca und Machiavelli sind derartige Landschaftsbeschreibungen überliefert. Im wohl berühmtesten literarischen Brief Machiavellis aus dem Exil im Chianti beschreibt Machiavelli seinen ländlichen Alltag mit Aufstehen am Morgen, Beobachten der Bauern bei der Feldarbeit, gemeinsames Mittagessen mit seinen Nachbarn und Befassen mit Literatur und Philosophie. Eine entsprechende literarische Höhe erreicht auch Pirckheimer mit seiner Schilderung aus dem fränkischen Neunhof.

### Ein Brief an Bernhard Adelmann von Adelmannsfelden

*Obwohl ich den Tod nicht sehr fürchte, und gewiß weiß, daß ich der Natur die Schuld einst abtragen muß, so bin ich doch dem Leben nicht so gram, daß ich das Schicksal herausfordern, und aus freien Stücken ihm entgegen rennen möchte. Ich habe mich aber auf ein Dorf begeben, welches eben so sehr durch seine Lage, als durch die Milde des Himmels, der Gesundheit zuträglich, und, was bei den jetzigen Zeiten das Beste, etwas von der Hauptstraße und von der Berührung mit den Leuten entfernt ist. Der Besitzer desselben ist mein Schwager, Martin Geuder, dessen in der lateinischen und griechischen Sprache wohl unterrichtete Söhne Ihr einst in Augsburg kennen lerntet, als sie nach Italien reisten, um sich weiter auszubilden, und Euch in meinem Namen grüßten.*

*Es gehorcht meinem Martin nicht nur dieses Dorf, sondern auch ein großer Teil der umliegenden Gegend, und sehr viele Maierhöfe, üerdieß eine große Menge von Leuten, die entweder ganz, oder auch zum Teil, seiner Herrschaft unterworfen sind. Es ist von Nürnberg, gegen Mitternacht zu, drei Meilen Wegs entfernt, die jeder gute Reiter in 3 Stunden leichtlich machen kann. Es liegt in einer weiten Ebene, überall von benachbarten Hügeln umgeben, die nicht rauh, sondern höchst anmutig und sonnig sind, allmählich sich erheben, und weithin in die offenen Felder ausbreiten; man könnte es einen von der Natur kunstreich gebildeten Schauplatz nennen, daher gewährt auch diese Gegend einen höchst reizenden Anblick, und ist mit wunderbarer Mannigfaltigkeit ausgestattet. Denn hier glänzen die Gaben der Ceres auf wohlbebauten Feldern. Dann wechseln grünende Wiesen mit den besäthen Feldern, überall mit blühenden Blumen geschmückt, die den süßesten Duft aushauchen; daher ist diese Gegend auch eine Ernährerin der Bienen, die mit anmutigem Summen allenthalben die Blumen benaschen. Aber es fehlt auch nicht der Schmuck der Gärten, sonder überall ist das Land mit fruchttragenden Bäumen bepflanzt, die eine Fülle duftender Früchte hervorbringen. Das alles ist von schattenreichen Forsten, Wäldern und Hainen umgeben, was eine wunderbare Abwechslung und einen höchsterfreulichen Anblick hervorbringt. Denn wohin man auch immer blicken mag, alles blüht, alles lacht, so, daß nicht allein der Blick durch ein so angenehmes*

*Schauspiel ergötzt, sondern auch das Gemüth wunderbar erheitert wird. Weinberge gibt es in dieser Gegend nicht. Aber diesen Mangel ersetzt sie durch nicht geringe Vorzüge. Denn neben der Fruchtbarkeit des Bodens, liefert sie genug Schlagholz, und ist für die Viehzucht ganz vortrefflich. Überdies wird sie durch fließende und nie versiegende Brünnlein überall gewässert, die allenthalben aus ihren kühlen Quellen ausprudeln, nicht nur zur Wässerung der Wiesen dienlich, sondern auch bestens geeignet für Teiche und wohlgefüllten Fischbehälter. Denn allenthalben fließen sie von der Höhe der Hügel herab, und vereinigen sich mitten in der Ebene des Dorfes und bilden ein sehr klares und fischreiches Bächlein, welches durch die Krümmungen des Tales, gegen Abend zu, mit sanftem Murmeln dahin fließt, und mit seinem Wasser die Weiher und Fischreiche reichlich anfüllt. Daher sind auch die von den Bergen herabwehenden Winde höchst lieblich, und die Lüfte sehr mild, indem sie immer durch ihre Kühle die glühende Hitze mindern. Deswegen wachsen auch hier freundliche Kräuter, meistenteils reich an Düften und sehr geeignet, Krankheiten zu heilen, wie man sie nicht leicht anderswo antreffen wird. Und ob nun gleich alles höchst anmutig ist, so bietet doch eine uralte Grotte ein wunderbares und liebliches Schauspiel dar. Sie liegt nicht weit vom Eingang in das Dorf, tief unten im Tal, bei kleinen Wasserfällen, so artig in lebendigen Fels gehauen, daß ein Einsiedler recht bequem da wohnen könnte. Denn es befinden sich in ihr ein Lager von Stein und Sitze aus Felsen, die schon einigermaßen abgenutzt sind; oben wird sie von weit sich ausbreitenden Bäumen und kriechendem Efeu bedeckt, innen aber sprudelt neben dem Eingang ein kühles Brünnlein hervor, mit klarem Wasser, so, daß man sich eben so sehr an der grünen, moosigen Beschattung, als an der reichlich sprudelnden Quelle belustigen mag; im Winter ist sie lau, aber im Sommer sehr kühl, und ganz so, wie man die Grotte Apolls und der Musen schildert. Denn in dem freundlichen Gebüsch und dichtem Gesträuch, gesellen sich allerlei Arten von Vögeln, und sie hören nie auf, mit süßem und geschwätzigem Gesange den Lüften zu schmeicheln. Vorzüglich aber wiederholt die sangreiche Philomele ihre gewohnten Klagen. Die Einwohner erzählen, diese Grotte sei sonst der Aufenthalt von Einsiedlern gewesen, die, aus Weltflucht, ihr eignes Fleisch kreuzigten; jetzt ist sie leer, und nur bei Ungewitter den Hirten ein sicherer Zufluchtsort.*

*Ferner erhebt sich auf dem höheren Hügel, der nach Mitternacht zu liegt, ein herrliches Schloß, von Quaderstücken erbaut, mit mannigfachen Gebäuden geziert, und überdies mit einem Graben und mit Schutzwehren auf eine ausgezeichnete Weise befestigt, von wo die Aussicht überall so offen daliegt, daß man mit einem Blick die ganze Gegend überschauen kann. In diesem Schlosse springt ein klarer Brunnen, dessen Wasser in hölzernen Röhren eine weite Strecke von dem gegenüber liegenden Berge hergeleitet und so abgewogen ist, daß es, während es von der Höhe herab in die Tiefe gefallen, sich wieder in die Höhe hebt, und an den Abhängen des gegenüber liegenden Hügels hinaufsteigt, so reichlich, daß es nicht allein für den menschlichen Bedarf genügt, sondern auch die Gräben des Schlosses anfüllt, und von da sich in die tiefer liegenden Fischbehälter ergießt; es ist aber so kalt, daß, wenn man in Sommertagen den Versuch macht, die Hände einzutauchen, man die Kälte auch nicht eine kurze Zeit aushalten kann.*

*Dem Schlosse gegenüber aber, gegen Mittag zu, erhebt sich eine ziemlich schöne Kirche, auch sie ist weitherum mit Gräben und einer aus gehauenen Steinen erbauten Mauer umgeben, damit sie nicht allein den Landleuten selbst, sondern auch ihren Rinder- und Schafherden einen ganz sicheren Zufluchtsort darbietet. Es liegt also das Dorf zwischen dem Schlosse und den Befestigungen der Kirche, dergestalt, daß es auf beiden Seiten durch das Geschütz leicht gedeckt werden kann. Sonst wurde es häufiger besucht, und auch jetzt fehlt es nicht an Gästen, obschon es, vor nicht gar langer Zeit, zweimal durch Brand verheert worden ist, das erstemal durch zufällig ausgebrochenes Feuer, und, als es kaum wieder aufgebaut worden war, brannte es durch die Unbill des Krieges noch einmal nieder. Es strömen an diesen Ort die Leute aus den benachbarten Dörfern zusammen, teils um zu baden (denn der Ort hat ein öffentliches Bad), teils um zu beten, vorzüglich an Feiertagen; dann wohnen sie dem Gottesdienst bei. Danach tun sie sich etwas zu gut; die einen erfreuen sich im Wirtshause an einem guten Trunk, die anderen schieben Kegel; denn das Würfelspiel ist nicht erlaubt. Diejenigen aber, welche noch in der Blüte ihres Alters stehen, Jünglinge und Mädchen, führen Reigen auf und muntere*

*Tänze, indem sie nach den Tönen der Schalmei wechselnd die Füße bewegen. Dies alles kann man oben vom Schlosse mit ansehen. Aber was sage ich von diesen Possen, da ja auch die Reh- und Hasenjagd und das Fischen der Weiher und Schloßgräben fast vor meinen Augen vorgeht? Denn damit beschäftigen sich meine Leute häufig, und umstellen bald die Waldungen mit Netzen, bald treiben sie das Wild durch die Spürkraft ihrer Hunde von seinem Lager auf, und verfolgen es mit behenden Hunden. Die wilden Schweine fällen sie nicht nur mit dem Jagdspieß, sondern fangen sie auch in verdeckten Gruben, womit sie auch auf gleiche Weise den räuberischen Wölfen nachstellen; nur von den wilden Bären lassen sie, und zwar nicht ungern, ihre Waidmannskunst verachten; doch sind sie selten, und nicht eigentlich Bewohner dieser Gegend, sondern angelockt von der Süße des Honigs, der in dieser Gegend in ungemeiner Fülle sich befindet, kommen sie aus den weiter entlegenen Wäldern herbei, und nachdem die Heillosen die Bienenstöcke zerstört, und sich mit dem Fleiße der Bienen gesättigt haben, ziehen sie sich fliehend zurück. Den Vögeln stellen sie mit Netzen nach. Aber damit fangen sie nicht nur Vögel, sondern auch Hasen, so wie auch Wiesel; die Marder und Eichhörnchen, und überdieß noch Feldhühner und langgeschnabelte Vögel, die ihnen weder an Geschmack, noch, die Länge ihres Schnabels ausgenommen, an Gestalt unähnlich sind.*

*Ich aber komme selten aus dem Schlosse, ausgenommen in die Kirche, und auch dann nur zu Pferd, nicht weil ich die Nähe des Rothenbergs fürchte (denn er ist eine Meile entfernt), sondern weil ich, wie Ihr wißt, schlecht zu Fuß bin, und mich sonst an so vielen Schauspielen sattsam ergötzen kann; denn des Morgens sehe ich, nach meinem Gebete zu Gott, nicht ohne innere Freude die blökenden Schafe in zwei Herden auf die Weide eilen. Vor ihnen her laufen Rüden von ungeheurer Größe, gegen die Angriffe der Wölfe mit Stachelhalsbändern versehen; auf gleiche Weise beschließen sie den Zug, und verlassen nie ihre treue Wache, in ihre Spuren treten die hörnertragenden Herden, und endlich folgen die Züge borstiger Schweine, die mit ihrem Treiber immer im Kampfe sind, indem sie haufenweise hierhin und dorthin auseinander laufen. Anschließend beschäftigte ich mich einen großen Teil des Tages mit Lesen, vorzüglich in den Schriften des Platon, und zwar fleißiger als je vorher, da ich nämlich die Last der Geschäfte los bin. Dann esse ich zu Mittag; bald aber erquicke ich mein Auge durch einen Blick in das Freie, lese Geschichten, oder treibe etwas Erheiterndes, bisweilen beschäftige ich mich auch mit Musik, oder antworte vielen, die mit mir in Briefwechsel stehen. Bisweilen kommen auch Freunde, die sich gleichfalls auf die nächsten Dörfer geflüchtet haben, mit Frauen und Kindern, um mich zu besuchen; diese kann ich dann, bei einem so großen Überfluss an Fischen und Fleisch, sogar auf das Herrlichste bewirten; bisweilen besucht mich selbst mein Schwager; aber dies ist selten, denn er kann, weil er Stadthauptmann ist, nicht lange von der Stadt entfernt sein. Meine Schwester kommt häufiger. Meine beiden Töchter aber sind, mit meiner Zulassung, ihren Männern nachgefolgt, die eine nach Augsburg, wie ihr wißt, die andere nach Meißen. Wenn keine Freunde bei mir sind, so lasse ich Leute aus dem Dorfe zu einem Mahle einladen, vorzüglich an Festtagen, und dann spreche ich mit ihnen vom Feldbau und der Natur, ja zuweilen gebe ich der ganzen Menge der Landleute mit ihren Frauen, Söhnen und unverheirateten Töchtern eine Mahlzeit. Hierauf nehme ich wieder die Bücher zur Hand, bisweilen geistliche, häufig aber auch von Heiden geschrieben, und vorzugsweise diejenigen, welche von den Sitten und den Herrlichkeiten der Natur handeln, so, daß ich oft bis tief in die Nacht hinein wache; wenn aber der Himmel heiter ist, so beobachte ich mit den astronomischen Werkzeugen den Lauf der Gestirne; denn die drei obern leuchten, wenn es Nacht geworden, an unserem Gesichtskreise. Endlich gehe ich, immer ohne Abendessen, zu Bett.*

*Hier habt Ihr, bester Bernhard, die Schilderung meiner Einsamkeit. Aber was sollte ich anderes tun, da ich nun Muße habe, und eine Zeit lang von den unablässigen Geschäften und Sorgen befreit bin. Ja, wenn ich Euch erst schreiben wollte, wie mich diese Freiheit ergötzt, wie mich dieses einsame Leben anlacht, und wie beglückt mir die Landleute erscheinen, wenn sie nur ihr Glück zu schätzen wüßten, so würde ich ein langes Lied anstimmen müssen. Aber in allen Dingen sei ein Ziel. Übrigens, damit Ihr seht, daß ich nicht mit Lesen und in Gesprächen allein, sondern auch mit Schreiben, ernstlich beschäftigt bin, so schicke ich Euch einige „Gespräche des Plato", von mir in dieser Einsamkeit übersetzt, die, obgleich man sie für unecht hält doch durchaus des Lesens würdig sind. Denn sie sind meist voll Scharfsinn, voll Bilder, auch gewinnen sie durch die Wichtigkeit ihres Inhaltes keine geringe Zierde. Ferner, obgleich ich recht gut wußte, dass Ariochus schon einmal von Marsilius Ficinus, einem um den Plato hochverdienten und eines ewigen Andenkens würdigen Manne, wie auch von Agricola, einem gleichfalls sehr gelehrten Manne, übersetzt worden ist, so wollte ich dennoch, weil mir damals kein Exemplar von dieser Übersetzung bei der Hand war, und ich die übrigen Gespräche schon übersetzt hatte, auch mit ihm einen Versuch machen. Solltet Ihr indessen einiges finden, was Euch nicht ganz gefällt, so möget Ihr bedenken, daß es ein ländliches Werk, und es ein großer Unterschied zwischen den städtischen und der ländlichen Muse ist. Ja auch die Verfälschung des Textes hat mich an einigen Stellen zu Fehlern verleitet, was, wie ich bemerke, auch dem guten Ficinus bisweilen begegnete. Lebet wohl, trefflicher Bernhard, und fahret fort, mich, wie immer, zu lieben. In meiner Einsamkeit, Neunhof, am 1. September, im Jahre unseres Heils 1521.*

Vom späteren Bildersturm der Reformatoren fühlte sich Pirckheimer eher abgestoßen. Als die radikalen Erneuerer auch die Klöster stürmen wollten und insbesondere das Klarakloster in Nürnberg, in dem seine Schwester Caritas immer noch Äbtissin war, in Gefahr geriet, wandte er sich vehement hiergegen und setzte sich nunmehr im Interesse der Religionsfreiheit der Nonnen für einen Verbleib derselben im Kloster ein. Er setzte seiner Schwester hierzu eine Verteidigungsschrift gegenüber dem Nürnberger Rat auf, die diese für wert hielt, in ihren Denkwürdigkeiten mit zu veröffentlichen. Unter Vermittlung des Philipp Melanchthon, dessen Handschrift die Augsburger Konfession aus dem Jahre 1530 trug, gelang es schließlich, den Erhalt der Klöster zu sichern. Pirckheimer bat Melanchthon, der übrigens Großneffe des Griechisch-Professors Reuchlin war, schriftlich darum, zwischen dem Rat, den Klosterpflegern und der widerspenstigen Äbtissin zu vermitteln. Er gab Melanchthon im Brief vom 16. April 1525 mit auf den Weg, dass Frauen nicht gezwungen, sondern überzeugt werden wollen. Man fand mit Hilfe des Reformators schließlich einen Kompromiss, wonach die

Nonnen weiter im Kloster leben und nach alter Sitte den Gottesdienst feiern durften, allerdings durften keine weiteren Nonnen mehr aufgenommen werden. Hiermit zeigte sich auch die kämpferische Äbtissin letztendlich einverstanden. Seine zwiespältige Haltung zur Reformation schildert Pirckheimer in dem berühmt gewordenen Brief an den Festungsbaumeister Johann Tschertte aus dem Herbst 1530. Pirckheimer schaltete sich noch in die theologischen Diskussionen des Abendmahlstreites ein und veröffentlichte auch seine Gedanken zur Wiederverheiratung von Geistlichen, die er aus religiösen Gründen ablehnte. In diesem Brief an Tschertte, in dem er auch das problematische Verhältnis zur Ehefrau Dürers, Agnes Dürer ansprach, bekannte er, dass er anfänglich auch gut lutherisch gewesen sei, da er hoffte, die römische Büberei beendet zu sehen, allerdings sah er nun, „dass die Sachen durch die Bilderstürmerei und dem heraufziehenden Bauernkrieg so verschlimmert wurden, dass er meinte, dass die evangelischen Buben jene katholischen Buben als fromm erscheinen lassen."

## TOD UND NACHWIRKUNG

Pirckheimer überlebte Dürer um knapp zwei Jahre. Er starb, schwer von Gicht und Steinleiden geplagt, am 22. Dezember 1530. An seinem Totenbett fand sich seine Tochter Barbara Straub, aber auch der uneheliche Sohn Sebastian ein. Das Bronzeepitaph auf Pirckheimers Grab auf dem Johannisfriedhof, nicht weit von Dürers Grab entfernt, trägt die Aufschrift „Virtus interire nescit" (Die Tugend kann nicht untergehen).

Dies ist ein Zitat aus der Abhandlung des Erasmus von Rotterdam über die Ehe aus dem Jahr 1526.

Was bleibt als literarisches Vermächtnis Pirckheimers übrig? Sicher die Zusammenarbeit mit Albrecht Dürer im Hinblick auf dessen kunsttheoretische Werke, aber auch die eigenen Werke, wie die Geschichte des Schweizerkrieges und seine Beschreibung Deutschlands in einer

Art kleinem Reiseführer. Die Veröffentlichung der Geografie des Ptolemäus und die Schriften zu den geschichtlichen Hilfswissenschaften waren Grundlage für weitergehende Forschungen, die hierauf aufbauen konnten. Er erschloss jedenfalls durch die Übersetzungen von Kirchenvätern und antiken Schriftstellern die bis dorthin kaum bekannte griechische Literatur für einen weiteren Leserkreis.

Wesentliche Teile seines schriftlichen Nachlasses wurden bereits durch den Urenkel Pirckheimers, Hans VII. Imhoff im sogenannten „Tugendbüchlein" gesammelt und im Jahre 1606 veröffentlicht. Dieses circa 600 Seiten umfassende Werk enthält schon eine ausführliche Biografie des Vorfahren und einen großen Anteil aus dem bislang unveröffentlicht gewesenen Briefwechsel und den Übersetzungen.

Erasmus von Rotterdam hielt Pirckheimers Ptolemäus-Übersetzungen der Geografie für dessen wesentliche schriftstellerische und übersetzerische Leistung. Nach der Edition seines gesamten Briefwechsels, der jeweils durch eine kurze deutsche Einleitung leicht verständlich erschlossen ist, zeigt sich die wahre literarische Bedeutung Pirckheimers als Höhepunkt der deutschen Briefliteratur, die eine eigenständige literarische Gestalt in der Hochzeit der Renaissance erfahren hat. Nicht nur Persönliches und höchst Persönliches steht lebendig vor Augen, sondern ein nahezu umfassendes Bild der Korrespondenz mit der geistigen Elite Europas und darüber hinaus ein Blick auf das gesamte Weltgeschehen.

# STAMMBAUM

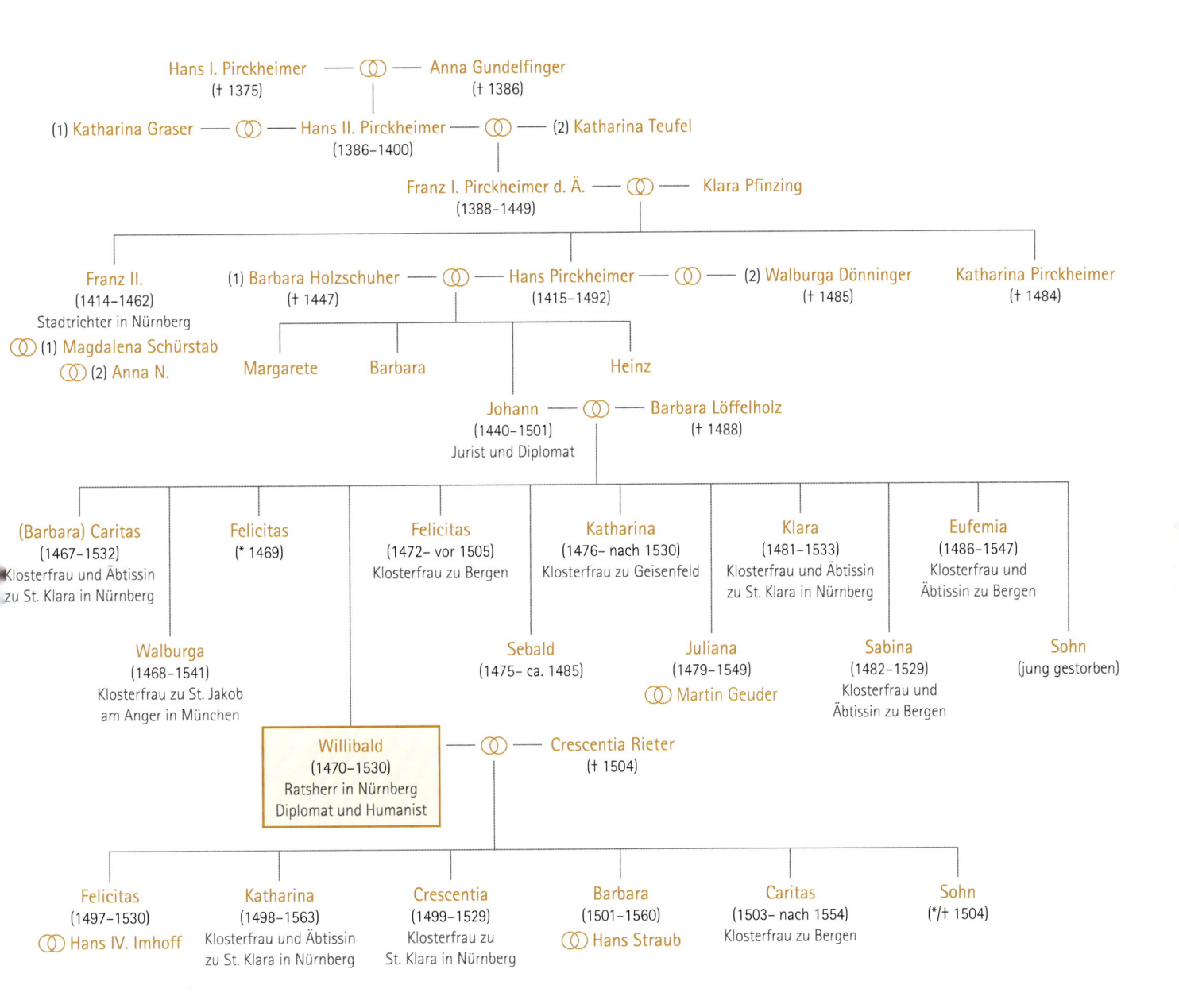

Hans I. Pirckheimer († 1375) ⚭ Anna Gundelfinger († 1386)

(1) Katharina Graser ⚭ Hans II. Pirckheimer (1386–1400) ⚭ (2) Katharina Teufel

Franz I. Pirckheimer d. Ä. (1388–1449) ⚭ Klara Pfinzing

- Franz II. (1414–1462), Stadtrichter in Nürnberg
  - ⚭ (1) Magdalena Schürstab
  - ⚭ (2) Anna N.
- (1) Barbara Holzschuher († 1447) ⚭ Hans Pirckheimer (1415–1492) ⚭ (2) Walburga Dönninger († 1485)
  - Margarete
  - Barbara
  - Johann (1440–1501), Jurist und Diplomat ⚭ Barbara Löffelholz († 1488)
  - Heinz
- Katharina Pirckheimer († 1484)

Kinder von Johann und Barbara Löffelholz:

- (Barbara) Caritas (1467–1532), Klosterfrau und Äbtissin zu St. Klara in Nürnberg
- Walburga (1468–1541), Klosterfrau zu St. Jakob am Anger in München
- Felicitas (* 1469)
- Felicitas (1472– vor 1505), Klosterfrau zu Bergen
- Sebald (1475– ca. 1485)
- Katharina (1476– nach 1530), Klosterfrau zu Geisenfeld
- Klara (1481–1533), Klosterfrau und Äbtissin zu St. Klara in Nürnberg
- Juliana (1479–1549) ⚭ Martin Geuder
- Sabina (1482–1529), Klosterfrau und Äbtissin zu Bergen
- Eufemia (1486–1547), Klosterfrau und Äbtissin zu Bergen
- Sohn (jung gestorben)
- **Willibald (1470–1530), Ratsherr in Nürnberg, Diplomat und Humanist** ⚭ Crescentia Rieter († 1504)

Kinder von Willibald und Crescentia Rieter:

- Felicitas (1497–1530) ⚭ Hans IV. Imhoff
- Katharina (1498–1563), Klosterfrau und Äbtissin zu St. Klara in Nürnberg
- Crescentia (1499–1529), Klosterfrau zu St. Klara in Nürnberg
- Barbara (1501–1560) ⚭ Hans Straub
- Caritas (1503– nach 1554), Klosterfrau zu Bergen
- Sohn (*/† 1504)

# LITERATURNACHWEIS

Bernstein, Eckhard: Willibald Pirckheimer und Ulrich von Hutten: Stationen einer humanistischen Freundschaft (Pirckheimer-Jahrbuch 1988, Bd. 4, S. 11)

Bezzel, Anne: Charitas Pirckheimer, Äbtissin und Humanistin, Regensburg 2016

Burke, Peter: Die europäische Renaissance, München 2012

Dieterich, Veit-Jakobus: Martin Luther, sein Leben und seine Zeit, München 2017

Dörner, Gerald: Salve Bilibalde, tempestatum mearum ancora et mirifica spes mea. Zum Briefwechsel zwischen Johannes Reuchlin und Willibald Pirckheimer (Pirckheimer-Jahrbuch 2014, Bd. 28, S. 77)

Eberlein, Johann Konrad: Albrecht Dürer, Reinbek bei Hamburg, 2011

Eckert, Willehad Paul: Imhoff, Christoph von: Willibald Pirckheimer, Dürers Freund im Spiegel seines Lebens, seiner Werke und seiner Umwelt, Köln 1982.

Flachenecker, Helmut: Willibald Pirckheimers Geburtshaus in Eichstätt (Pirckheimer-Jahrbuch 1989/90, Bd. 5, S. 141)

Frommer, Hartmut: Nürnberger Recht um 500 (Pirckheimer-Jahrbuch 2010, Bd. 24, S. 199)

Fuchs, Walter: Willibald Pirckheimer, in Jahrbuch für fränkische Landesforschung 1971, S. 1

Holzberg, Niklas: Willibald Pirckheimer. Griechischer Humanismus in Deutschland. München 1981.

Holzberg, Niklas: Zwischen biografischer und literarischer Intertextualität – Willibald Pirckheimers Apologia seu Podagrae Laus (Pirckheimer-Jahrbuch 2006, Bd. 21, S. 45)

Holzberg, Niklas: Die Pirckheimer-Papiere und ihre wissenschaftliche Erschließung in Sauer, Christine (Hrsg.), 642 Jahre Stadtbibliothek Nürnberg, Beiträge zur Geschichte und Kultur der Stadt Nürnberg / Stadtbibliothek Nürnberg, Band 26, Wiesbaden 2013

Loewenich, Walter von: Caritas Pirckheimer, in Jahrbuch für fränkische Landesforschung 1971, S. 35

Mai, Klaus-Rüdiger: Dürer, das Universalgenie der Deutschen, Berlin 2015

Maissen, Thomas: Geschichte der frühen Neuzeit, München 2013

Maurer, Wilhelm: Humanismus und Reformation im Nürnberg Pirckheimers und Dürers, in Jahrbuch für fränkische Landesforschung, 1971

Nöll, Thomas: Albrecht Dürer und Willibald Pirckheimer. Facetten einer Freundschaft in Briefen und Bildnissen (Pirckheimer-Jahrbuch 2014, Bd. 28, S. 9)

Pilz, Kurt: „Willibald Pirckheimers Kunstsammlung und Bibliothek", in: Willibald Pirckheimer 1470/1970. Dokumente – Studien – Perspektiven (hg. vom Willibald-Pirckheimer-Kuratorium), Nürnberg 1970.

Pirckheimer, Willibald: Der Schweizer Krieg, herausgegeben von Wolfgang Schiel, Berlin 1988

Pröll, Franz Xaver: Willibald Pirckheimer, eine Dokumentation in der Stadtbibliothek Nürnberg, 1970

Rebel, Ernst: Albrecht Dürer. Maler und Humanist. München 1996

Reicke, Emil: Willibald Pirckheimer, Jena 1930.

Willibald Pirckheimers Briefwechsel. Bd. 1. Hrsg. von Emil Reicke. München 1940. – Bd. 2. Hrsg. von Emil Reicke. München 1956 – Bd. 3. Hrsg. von Dieter Wuttke und Helga Scheible. München 1989. – Bd. 4–7. Hrsg. von Helga Scheible. München 1997–2009.

Reimann, Arnold: Die älteren Pirckheimer (hg. von H. Rupprich), Leipzig 1944.

Roeck, Bernd: Der Morgen der Welt, Geschichte der Renaissance, München 2017

Rupprich, Hans: „Dürer und Pirckheimer. Geschichte einer Freundschaft", in: Albrecht-Dürers Umwelt (Nürnberger Forschungen, Bd. 15), Nürnberg 1971

Scharoun, Manfred: „Nec Lutheranus neque Eckianus, sed christianus sum." Erwägungen zu Willibald Pirckheimers Stellung in der reformatorischen Bewegung (Pirckheimer-Jahrbuch 1993, Bd. 8, S. 107)

Schauerte, Thomas: Dürer, das ferne Genie, Stuttgart 2012

Scheible, Heinz: Melanchthon, Vermittler der Reformation, München 2016

Scheible, Helga: Willibald Pirckheimer im Spiegel seines Briefwechsels am Beispiel seines Verhältnisses zum Klosterwesen (Pirckheimer-Jahrbuch 2006, Bd. 21, S. 73)

Scheible, Helga: Willibald Pirckheimer als praktizierender Jurist (Pirckheimer-Jahrbuch 2010, Bd. 24, S. 339)

Schlotheuber, Eva: Humanistisches Wissen und geistliches Leben. Caritas Pirckheimer und die Geschichtsschreibung im Nürnberg Klarissenkonvent (Pirckheimer-Jahrbuch 2006, Bd. 21, S. 89)

Schlotheuber, Eva: Willibald und die Klosterfrauen von St. Klara – eine wechselhafte Beziehung (Pirckheimer-Jahrbuch 2014, Bd. 28, S. 57)

Schneider, Oscar: (Hrsg.), Nürnbergs große Zeit, reichsstädtische Renaissance, europäischer Humanismus, Nürnberg 2000

Spielvogel, Jackson Joseph: Willibald Pirckheimer and the Nuerenberg City Councel, Dissertation, Ohio State Universitiy 1967

Strack, Georg: Thomas Pirckheimer (1418–1473). Studien und Tätigkeitsfelder (Pirckheimer-Jahrbuch 2010, Bd. 24, S. 315)

Trautner, Beate: Willibald Pirckheimer (1470–1530) und Conrad Peutinger (1465–1547) – zwei reichsstädtische Bürger und Humanisten in Süddeutschland (Pirckheimer-Jahrbuch 1989/90, Bd. 5, S. 109)

Von Loewenich, Walter: Charitas Pirckheimer, Jahrbuch für fränkische Landesforschung 1971

Verfasserlexikon Deutscher Humanismus 1480 – 1520, Herausgegeben von Franz Josef Worstbrock, Berlin, New York, Artikel: Pirckheimer, Willibald

Wiegand, Hermann: Willibald Pirckheimers Bellum Helveticum und die antike historiografische Tradition (Pirckheimer-Jahrbuch 2006, Bd. 21, S. 63)

# BILDNACHWEIS

akg-images
S. 86, S. 87, S. 96 (2), S. 111, Rücktitel (2)

Germanisches Nationalmuseum
S. 62, S. 88

Kluger Hannah
S. 84/85, S. 121

Kunstsammlungen der Stadt Nürnberg, Dauerleihgabe im Germanischen National Museum, Foto: Monika Runge/ Germanischen National Museum
S. 18 (St.N. 9639)

Archiv Waschk
S. 13, S. 28, S. 50, S. 64

Sammlung Winkler Werbung Werbeagentur GmbH
S. 5, S. 9

Staatsarchiv Nürnberg
S. 30, S. 35

Stadtarchiv Nürnberg
S. 65 (StadtAN E 17/II Nr. 2181)
Rücktitel (StadtAN E 17/II Nr. 2181)

Stadtbibliothek im Bildungscampus Nürnberg
S. 24 (StB. PP 364, U. 7, Bl.1)

Stadtbibliothek Trier
S. 56

Wikimedia Commons
Titel, S. 12, S. 20/21, S. 23, S. 32, S. 34, S. 40/41, S. 43, S. 55, S. 79, S. 83, S. 91, S. 93, S. 96, S. 100, S. 109

# IMPRESSUM

**WILLIBALD PIRCKHEIMER**
Jurist, Humanist und Freund Dürers

**Herausgeber**
context verlag Augsburg I Nürnberg
Albrecht-Dürer-Platz 4
90403 Nürnberg
www.context-mv.de

context verlag Augsburg I Nürnberg
ISBN 978-3-946917-18-2
1. Auflage, November 2019

**Autor**
Michael Waschk

**Konzeption und Redaktion**
Petra Kluger

**Lektorat**
Sandra Riedmüller

**Grafik und Produktion**
Winkler Werbung Werbeagentur GmbH
Hannah Kluger
www.winkler-werbung.de

Alle Rechte vorbehalten.
Nachdruck, auch auszugsweise verboten.

Bibliografische Informationen der
Deutschen Bibliothek.
Die Deutsche Bibliothek verzeichnet diese
Publikation in der Deutschen Nationalbib-
liografie, detaillierte bibliografische Daten
sind im Internet über http://dnb.ddb.de
abrufbar.